SOPAS DETOX

ENERGIZE • HIDRATE • PURIFIQUE • EMAGREÇA

MAIS DE 70 RECEITAS SAUDÁVEIS E DELICIOSAS

ALISON VELÁZQUEZ

PUBLIFOLHA

Penguin Random House

Para minha família, que esteve comigo desde o começo e acreditou em mim.

Título original: *Souping*

Publicado originalmente na Grã-Bretanha em 2016 por Dorling Kindersley Limited, uma empresa do grupo Penguin Random House, 80 Strand, WC2R 0RL, Londres, Inglaterra.

Copyright © 2016 Dorling Kindersley Limited
Copyright © 2016 Publifolha Editora Ltda.

Todos os direitos reservados. Nenhuma parte desta obra pode ser reproduzida, arquivada ou transmitida de nenhuma forma ou por nenhum meio sem a permissão expressa e por escrito da Publifolha Editora Ltda.

Proibida a comercialização fora do território brasileiro.

Coordenação do projeto: Publifolha
Editora-assistente: Isadora Attab
Coordenadora de produção gráfica: Mariana Metidieri

Produção editorial: A2
Coordenação Editorial: Sandra R. F. Espilotro
Tradução: Gabriela Erbetta
Consultoria: Luana Budel
Preparação: Maria A. Medeiros
Revisão: Carmen T. Costa, Laila Guilherme
Editoração eletrônica: A2

Edição original: Dorling Kindersley
Publisher: Mike Sanders
Publisher associado: Billy Fields
Editor de aquisições sênior: Brook Farling
Editora de desenvolvimento: Ann Barton
Designer sênior de criação da capa: Nicola Powling
Designer: XAB Design
Fotografia: Brian Wetzstein
Produção culinária: Mollie Hayward
Técnico de pré-impressão: Brian Massey
Revisão: Laura Caddell
Editora do projeto: Kathryn Meeker
Editora de arte sênior: Glenda Fisher
Designer da capa: Harriet Yeomans, Amy Keast
Pré-produtora sênior: Rebecca Fallowfield
Produtora sênior: Stephanie McConnell
Suporte técnico de criação: Sonia Charbonnier
Gerente editorial: Stephanie Farrow
Gerente de arte: Christine Keilty

Este livro segue as regras do Acordo Ortográfico da Língua Portuguesa (1990), em vigor desde 1º de janeiro de 2009.

Impresso na China.

PubliFolha
Divisão de Publicações do Grupo Folha
Al. Barão de Limeira, 401, 6º andar
CEP 01202-900, São Paulo, SP
Tel.: (11) 3224-2186/2187/2197
www.publifolha.com.br

UM MUNDO DE IDEIAS
www.dk.com

NOTA DO EDITOR

Apesar de todos os cuidados tomados na elaboração das receitas deste livro, os editores não se responsabilizam por erros ou omissões decorrentes da preparação dos pratos.

Antes de começar a fazer qualquer dieta, consulte um endocrinologista para avaliar o impacto das restrições alimentares impostas pelo programa em sua saúde.

Pessoas com restrições alimentares, grávidas e lactantes devem consultar um médico especialista sobre os ingredientes de cada receita antes de prepará-la.

As fotos podem conter acompanhamentos ou ingredientes meramente ilustrativos.

Observações, exceto se orientado de outra forma:
Use sempre ingredientes frescos, incluindo temperos e condimentos.

O forno deve ser preaquecido na temperatura indicada na receita.

Equivalência de medidas:
1 colher (chá) = 5 ml
1 colher (sopa) = 15 ml
1 xícara (chá) = 250 ml
(para ingredientes líquidos ou secos)

Abreviaturas:
col. (colher) / cols. (colheres)

Dados Internacionais de Catalogação na Publicação (CIP)
(Câmara Brasileira do Livro, SP, Brasil)

Velázquez, Alison
  Sopas detox / Alison Velázquez; [tradução Gabriela Erbetta]. -- São Paulo : Publifolha, 2016.

  Título original: Souping.
  ISBN 978-85-68684-58-0

  1. Desintoxicação (Saúde) 2. Nutrição 3. Perda de peso 4. Receitas 5. Sopas (Culinária) I. Título.

16-06998   CDD-641.813

Índices para catálogo sistemático:
1. Sopas : Culinária : Economia doméstica 641.813

SUMÁRIO

Parte 1: O básico	8
Por que sopas?	10
Benefícios para a saúde	12
Ingredientes essenciais	14
Modo de preparo	16
Para conservar	18
Preparando-se para um detox	20
Orientações para o detox	22

Parte 2: Sopas para a primavera	24
Sopa de manga com limão-taiti	27
Sopa de avocado e rúcula	29
Sopa de frutas vermelhas poderosa	31
Sopa de couve e pimentão	33
Detox de 3 dias para acelerar o metabolismo	34
Gaspacho de kiwi e couve	36
Sopa de cenoura com curry	38
Sopa de abobrinha picante	39
Sopa de beterraba e laranja	40
Sopa de espinafre e feijão-branco	42
Sopa de vegetais da primavera	43
Sopa de morango com chia	45
Detox de 3 dias para aumentar a energia	46
Sopa de verduras com gengibre	48
Sopa de aspargo com hortelã	51
Sopa de cenoura com azeite de cebolinha	52
Sopa de morango e ruibarbo	54

Parte 3: Sopas para o verão	56
Sopa de beterraba com erva-doce	58
Sopa de melão-cantalupo e jalapeño	61
Sopa romesco com pimentão vermelho	63
Sopa de abobrinha com manjericão	65

Detox de 5 dias para perder peso	66
Sopa de milho-verde e cebolinha	69
Sopa de pêssego com manjericão	70
Sopa de papaia e espinafre	71
Sopa de pepino com ervas	72
Sopa de pêssego e vegetais	74
Sopa de alcachofra e manjericão	75
Sopa de milho-verde e pimentão	76
Detox de 2 dias para hidratar	78
Sopa de melancia, babosa e hortelã	80
Sopa de abacaxi e couve	83
Gaspacho misto de pimentão	85
Sopa de framboesa com coco	87

Parte 4: Sopas para o outono	**88**
Sopa de abóbora-cheirosa com curry	91
Sopa de couve-flor trufada	93
Sopa de amêndoa com cacau	95
Sopa de batata-doce com gengibre	96
Detox de 3 dias para alcalinizar	98
Sopa de maçã e amaranto	100
Sopa de feijão-preto picante	102
Sopa de abóbora e cranberry	103
Sopa de erva-doce e tomate	104
Sopa de pastinaca e maçã	106
Sopa de banana com nozes	107
Sopa de maçã e aipo-rábano	109
Detox de 3 dias para melhorar a aparência	110
Sopa de lentilha	113
Sopa de grapefruit e erva-doce	114
Sopa de verduras detox	116
Sopa de pera com canela	119
Sopa de capim-santo picante	120
Sopa de ervilha seca com couve	121

Parte 5: Sopas para o inverno	**122**
Sopa de cogumelo e freekeh	125
Sopa de figo e cardamomo	126

Sopa de erva-doce e abobrinha	129
Sopa de raízes e vegetais de inverno	131
Detox de 5 dias para purificar	132
Sopa de grãos ancestrais	134
Sopa de tupinambo assado	136
Sopa de grão-de-bico picante	137
Sopa de grão-de-bico com pimentão	138
Sopa de amêndoa chai	140
Sopa de cogumelo e painço	141
Sopa de brócolis com rúcula	143
Detox de 3 dias para aumentar a imunidade	144
Sopa de cenoura e erva-doce	146
Sopa de abóbora-cheirosa com feijão-preto	148
Sopa cítrica com lavanda	150
Sopa de batata-doce com noz-moscada	152
Parte 6: Caldos e consomês	**154**
Caldo de galinha picante	156
Caldo de legumes com gergelim	158
Consomê de cenoura	161
Caldo de shiitake e gengibre	162
Detox de 5 dias para o sistema digestório	164
Caldo de ossos bovinos com gengibre	166
Caldo de legumes assados	168
Caldo de ossos bovinos e de aves	169
Caldo de tamari e limão-siciliano	171
Caldo de cúrcuma com coentro	172
Caldo de tomate com endro	173
Consomê de frango com ervas	174
Detox anti-inflamatório de 3 dias	176
Caldo de legumes com manjericão	179
Consomê de tomate gelado	180
Caldo vuelve a la vida	182
Caldo de milho-verde	185
Índice	186
Sobre a autora e Agradecimentos	192

INTRODUÇÃO

Sopas são tão antigas quanto a história da culinária. Cozinhar ingredientes simples e preparar refeições nutritivas é uma prática que existe há séculos.

Gaspacho, vichyssoise, chowder de milho-verde ou sopa de tortilha são variações do mesmo tema, cada uma delas influenciada e moldada por ingredientes e tradições locais. No passado, não havia nada de elegante em uma sopa: era apenas um alimento nutritivo.

Couve, quinoa e sucos frescos já tiveram seus quinze minutos de fama. Agora, é a vez da sopa. Mas não me refiro aos produtos enlatados e cheios de conservantes ou às receitas ricas em creme de leite e manteiga, servidas em restaurantes. Falo sobre voltar às origens – ao que já foram e deveriam continuar sendo: frescas, feitas com vegetais e sem conservantes, repletas de nutrientes e transbordando sabores intensos.

O objetivo deste livro é não apenas fornecer uma visão nova sobre as possibilidades oferecidas pelas sopas, mas apresentá-las como um novo estilo de vida. Adotá-lo pode significar apenas introduzir receitas frescas e muito nutritivas à sua alimentação diária, capazes de garantir boa hidratação e nutrição. Ou, para quem procura benefícios adicionais, como desintoxicação, perda de peso e equilíbrio do pH, representa uma dieta rica em nutrientes por um período determinado, em um programa detox.

Esta coleção de mais de 70 receitas quentes e frias, além de dez programas detox, procura facilitar o preparo em casa. Idealizadas de forma cuidadosa, proporcionam o equilíbrio correto entre nutrientes, variedade e sabor. O detox de sopas é uma maneira fácil, conveniente e deliciosa de se hidratar, alimentar e abastecer o corpo com energia. Não é preciso partir para extremos a fim de obter os benefícios de uma alimentação consciente. Fico muito feliz em dividir algumas de minhas receitas favoritas e espero que este livro ajude a tornar a comida saudável feita em casa algo um pouco mais simples.

Basta preparar, tomar, deliciar-se e repetir.

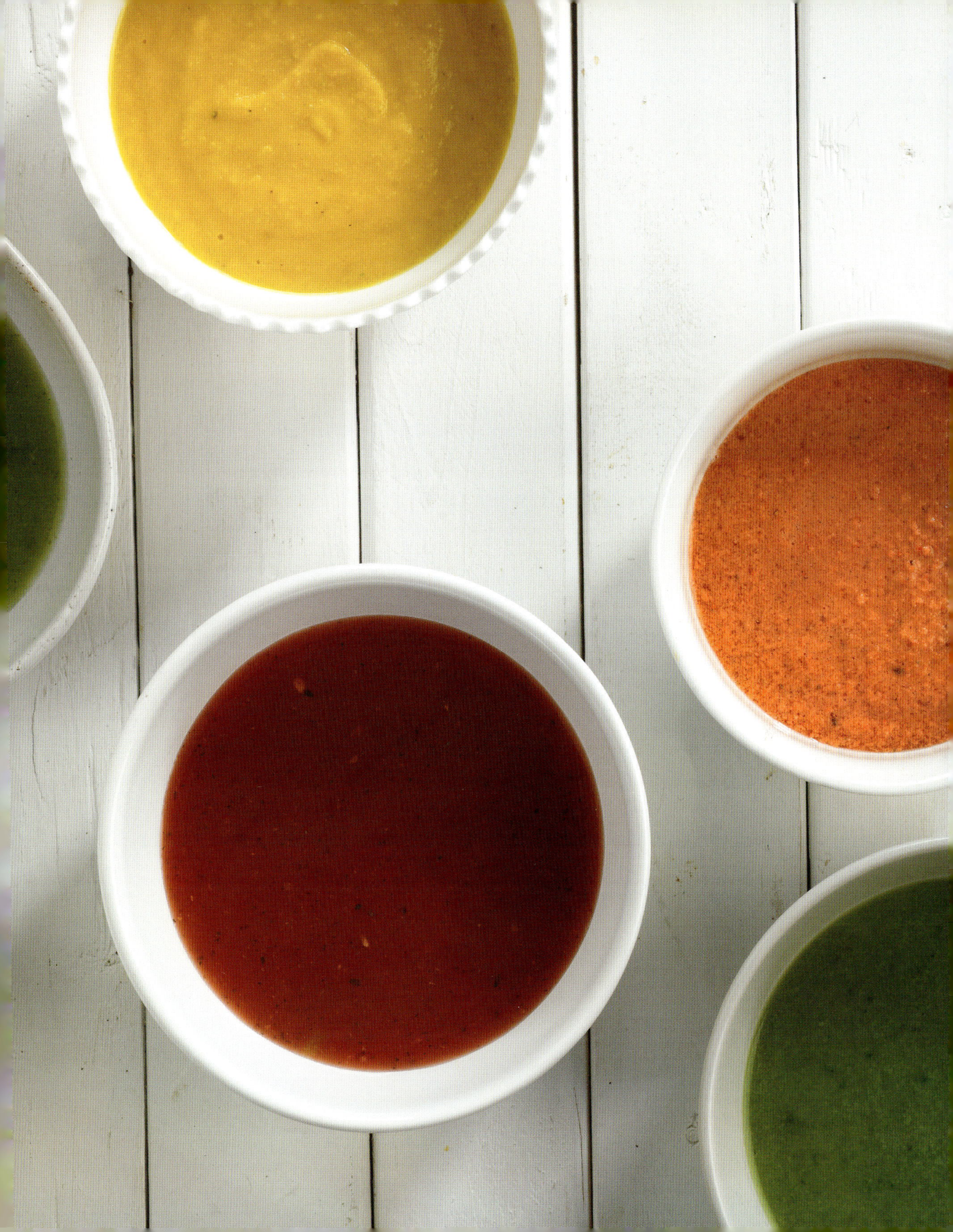

1
O BÁSICO

Neste capítulo, você aprende mais sobre as sopas detox para entender por que elas devem fazer parte de um estilo de vida saudável. Também encontra ideias para abastecer a despensa com ingredientes essenciais, dicas para escolher utensílios de cozinha, além de sugestões para armazenar suas sopas e facilitar o seu dia a dia.

POR QUE SOPAS?

Adotar uma alimentação baseada em sopas significa incorporar receitas muito nutritivas, à base de vegetais, à sua rotina. É a maneira ideal de suprir o corpo com nutrientes, antioxidantes e fitoquímicos – tanto ao seguir um programa detox quanto ao substituir uma ou duas refeições diárias.

EFEITOS BENÉFICOS

Sopas são uma ótima maneira de acrescentar refeições saudáveis e completas à sua dieta. Por serem ricas em água e fibras, mas pobres em açúcar, saciam sem provocar picos glicêmicos no sangue.

Um detox baseado em sopas beneficia o corpo e a mente:
- ★ elimina toxinas nocivas
- ★ estimula a perda de peso
- ★ eleva a imunidade
- ★ aumenta a energia
- ★ reduz a compulsão por comida
- ★ ajuda a digestão
- ★ melhora a saúde do intestino
- ★ melhora a concentração
- ★ diminui as dores de cabeça
- ★ dá brilho à pele

Sopas detox usam ingredientes frescos e integrais, não processados e repletos de nutrientes.

Sopas podem ajudar a limpar, desintoxicar e dar energia ao corpo.

Preparar sopas é um processo simples que requer o uso de apenas alguns utensílios básicos.

Consumir sopas detox é uma maneira fácil e conveniente de ingerir uma ampla variedade de vegetais, frutas e grãos integrais.

SOPA DETOX *VERSUS* SUCO DETOX

Você pode se perguntar se a sopa detox tem efeito equivalente ao do suco detox, outro estilo de alimentação que está na moda. Enquanto os sucos são extraídos de frutas e vegetais, eliminando a polpa fibrosa, as sopas são feitas com ingredientes inteiros, batidos, que mantêm as fibras benéficas. Ambos têm aspectos positivos, mas as sopas são mais versáteis e trazem outras vantagens para a saúde graças à quantidade maior de fibras, gorduras e proteínas – além de menos ingredientes doces.

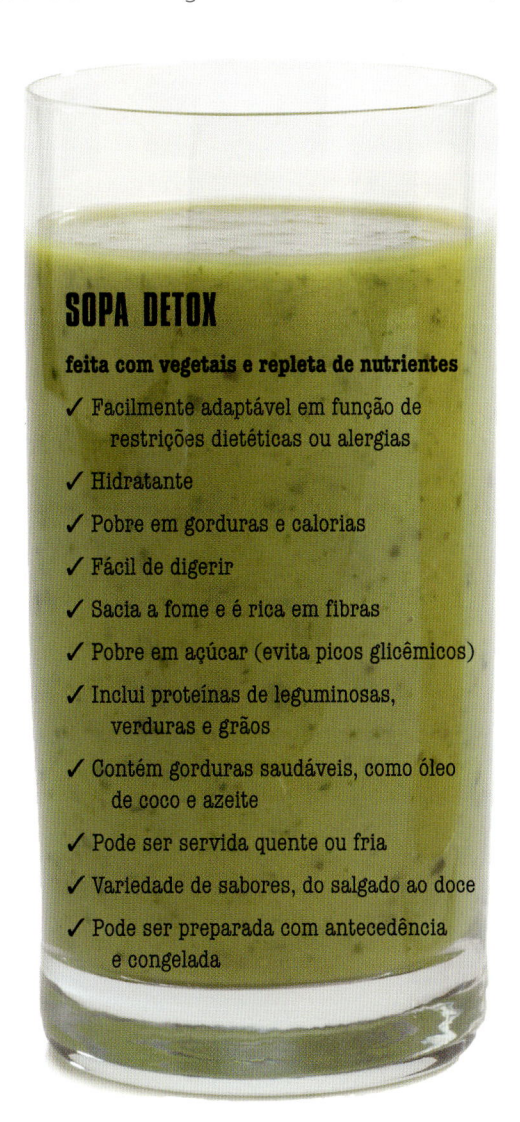

SOPA DETOX
feita com vegetais e repleta de nutrientes

- ✓ Facilmente adaptável em função de restrições dietéticas ou alergias
- ✓ Hidratante
- ✓ Pobre em gorduras e calorias
- ✓ Fácil de digerir
- ✓ Sacia a fome e é rica em fibras
- ✓ Pobre em açúcar (evita picos glicêmicos)
- ✓ Inclui proteínas de leguminosas, verduras e grãos
- ✓ Contém gorduras saudáveis, como óleo de coco e azeite
- ✓ Pode ser servida quente ou fria
- ✓ Variedade de sabores, do salgado ao doce
- ✓ Pode ser preparada com antecedência e congelada

SUCO DETOX
cru, feito de frutas e vegetais

- ✓ Vegano e sem glúten
- ✓ Hidratante
- ✓ Pobre em gordura e calorias
- ✓ Fácil de digerir
- ✓ Energético
- ✗ Pobre em fibras, proteínas e gorduras saudáveis
- ✗ Pode ser rico em açúcar (frutose natural)
- ✗ Servido principalmente gelado
- ✗ Geralmente doce, com poucas opções salgadas
- ✗ Curta validade
- ✗ Menos econômico, em função do volume de ingredientes necessários

BENEFÍCIOS PARA A SAÚDE

Um detox à base de sopas traz benefícios tanto para o corpo como para a mente. Sopas saudáveis, feitas com vegetais, alimentam e satisfazem, além de ser ricas em antioxidantes e fitoquímicos benéficos.

UM BOM COMEÇO

Tomar a decisão de seguir um programa detox já é um grande passo na direção certa. Ao quebrar a rotina normal, você ganha motivação para adotar hábitos saudáveis. O detox ocorre em um período limitado, para você reajustar e priorizar suas metas. Mudar a alimentação de uma maneira focada faz com que você se torne mais consciente do ato de comer.

BENEFÍCIOS FÍSICOS

Desintoxicação
Você está constantemente exposto a toxinas ambientais. O detox ajuda a eliminá-las do corpo.

Perda de peso
O estilo de vida e a alimentação afetam diretamente seu peso. Um detox de calorias controladas limpa o corpo e pode ajudar a perder alguns quilos enquanto lida com a fome.

Intestino saudável
Rico em fibras e nutrientes, o detox pode melhorar a digestão e o funcionamento intestinal.

Hidratação
O organismo funciona melhor hidratado. O detox garante que o corpo esteja sempre com a hidratação em dia.

Benefícios para a saúde 13

FOCO NA NUTRIÇÃO

Durante o detox, você evita consumir alimentos que podem ser prejudiciais ao bem-estar físico e mental, como carboidratos refinados, açúcar e cafeína. No lugar deles, as sopas detox trazem ingredientes integrais e ricos em nutrientes que garantem o sustento nutricional de que você precisa. Mesmo se consumidas somente por dois ou três dias, são capazes de fazer diferença na saúde. Incorporá-las ao cardápio do dia a dia pode trazer benefícios duradouros.

BENEFÍCIOS MENTAIS

Equilíbrio emocional
Alimentos afetam o metabolismo, hormônios e neurotransmissores – e, por fim, as emoções. Um detox rico em vegetais e pobre em açúcar mantém essas variáveis controladas.

Mais clareza mental
Uma alimentação pobre em nutrientes pode deixar a mente letárgica e anuviada. Ao hidratar e nutrir, o detox é capaz de reavivar os sentidos.

Sono reparador
Desidratação e nutrição deficiente podem afetar a qualidade do sono. Um detox pode revigorar o organismo e favorecer o descanso noturno.

Controle do apetite
Cortar açúcar e comida processada em um detox permite reprogramar o corpo. A síndrome de abstinência dura apenas alguns dias, depois o desejo por comida diminui.

Menos dor de cabeça
Fadiga e desidratação provocam dor de cabeça. O detox restaura os padrões corretos de hidratação e nutrição.

INGREDIENTES ESSENCIAIS

Sopas saudáveis e deliciosas começam com ingredientes de alta qualidade e ricos em nutrientes. Quando possível, compre vegetais orgânicos da estação e mantenha na despensa itens como óleos, temperos e leguminosas.

PERGUNTAS E RESPOSTAS

P Que tipo de sal devo usar?
R Procure os não refinados, ricos em minerais, como o sal marinho. Evite o sal de mesa refinado.

P Posso substituir ervas frescas por desidratadas?
R Nas sopas cozidas, sim. Como ervas secas são mais concentradas do que as frescas, reduza a quantidade em dois terços, mas evite usá-las em sopas cruas ou frias.

P Posso usar caldos industrializados?
R Eles funcionam quando não houver alternativa, mas o caseiro é muito melhor. Os industrializados geralmente têm muito sódio e podem conter glutamato monossódico e outros aditivos.

P Que tipo de cebola devo usar?
R Na maioria dos casos, as amarelas são a melhor escolha. Use cebolas comuns para um sabor mais suave e roxas ou brancas para algo mais pungente.

P Posso usar vegetais e frutas enlatados ou congelados?
R Nada se compara aos ingredientes frescos – se não estiverem disponíveis, porém, prefira os congelados aos enlatados. Na hora da compra, verifique se não foram acrescentados molhos ou temperos aos produtos.

P Devo usar água purificada nas sopas?
R Embora seja recomendável, não é absolutamente necessário. A água purificada foi filtrada ou processada para a eliminação de poluentes e impurezas e, por isso, é ideal para sopas. A água da torneira pode conter cloro e outras substâncias químicas que talvez diminuam os benefícios de outros ingredientes.

P Onde comprar ossos para fazer os caldos?
R São encontrados no açougue – e você pode guardá-los depois de assar um frango ou cozinhar cortes bovinos com osso. Conserve-os no freezer até a hora de usar.

Ingredientes essenciais 15

DESPENSA

Muitas sopas deste livro baseiam-se em alguns poucos ingredientes. Manter sua despensa abastecida facilita o trabalho de preparar uma receita.

Temperos: Tenha à mão sal marinho e pimenta-do-reino, assim como outros condimentos básicos, como pimenta vermelha em flocos, cominho e pimenta vermelha em pó. Guarde-os em recipientes bem fechados, protegidos da luz.

Óleos: Óleo de coco e azeite são usados para cozinhar vegetais. Procure produtos prensados a frio, virgens ou extravirgens.

Alho: Fresco, deve ser guardado na despensa, não na geladeira. Mantenha os bulbos soltos, para que o ar circule e evite a decomposição.

Cebola: Em muitas receitas, elas dão um toque de sabor e um aroma que dá água na boca. Assim como o alho, é melhor manter em lugar escuro, em temperatura ambiente, com boa circulação de ar.

Grãos: Experimente grãos menos familiares, como quinoa, freekeh*, amaranto e painço, pois têm mais proteínas e nutrientes que o arroz branco ou integral.

Leguminosas: Feijões são ótimos para acrescentar proteínas e dar corpo às sopas. Tenha um estoque de grão-de-bico, feijão-preto e lentilha enlatados ou secos.

Tomate pelado: São embalados quando estão mais maduros e fornecem o sabor umami, assim como licopeno. Procure marcas com pouco sódio.

Leite de coco light: Tem bom prazo de validade, deixa as sopas mais cremosas e encorpadas, tanto as doces quanto as salgadas, e dispensa o uso de laticínios.

Oleaginosas: Castanhas-de-caju e amêndoas podem ser hidratadas e batidas no liquidificador, para acrescentar proteínas e dar às sopas uma textura cremosa. Use produtos crus e sem sal.

Água: Ingrediente essencial no preparo das sopas. De preferência, use água mineral ou filtrada para obter a maior quantidade de nutrientes das receitas. Água da torneira também pode ser usada.

* Pode ser encontrado também sob o nome de trigo verde.

GELADEIRA E FREEZER

Vegetais e carnes frescos são indispensáveis no preparo de sopas deliciosas e nutritivas – estão entre os ingredientes mais usados neste livro.

Cenoura: A base de muitas receitas é a clássica mistura de cenoura, cebola e aipo, conhecida como mirepoix. Rica em vitamina A, é essencial nesse trio, e sua leve doçura equilibra os outros sabores.

Aipo: Outro ingrediente crucial para o mirepoix. O aipo acrescenta uma nota aromática com profundidade e complexidade de sabores.

Espinafre: Rico em ferro e com sabor suave, complementa sopas doces e salgadas. Procure o espinafre baby, mais macio e adocicado.

Ervas frescas: Dão muito sabor e frescor às sopas, e não acrescentam calorias. Mantenha por perto manjericão, salsa e coentro frescos.

Gengibre e cúrcuma frescos: Baratos e com longa validade, são potências nutritivas que complementam uma série de receitas salgadas e doces.

Limão: Ótima fonte de vitamina C – e algumas gotas podem incrementar os nutrientes e intensificar o sabor.

Pimentas: Boa maneira de incrementar o sabor sem aumentar as calorias. Experimente as variedades poblano,** jalapeño e serrano.***

Água de coco: Hidratante, repõe eletrólitos e é uma excelente base para sopas geladas.

Frango e outras carnes com osso: Ossos são a base de caldos ricos em nutrientes.

Caldos caseiros: Bons para congelar – quando tiver tempo, prepare porções grandes e leve ao freezer em recipientes pequenos.

** Uma alternativa à pimenta-serrano é a dedo-de-moça verde.
*** Uma alternativa à pimenta-poblano é o pimentão verde.

MODO DE PREPARO

Uma das melhores coisas a respeito das sopas é que a maior parte delas fica pronta rapidamente e pode ser preparada com antecedência, o que garante uma dieta prática, que não requer a noite toda à beira do fogão.

TIPOS DE SOPAS

Quase todas as sopas deste livro são batidas no liquidificador ou coadas, para garantir uma textura homogênea e facilitar a ingestão. Podem ser consumidas quentes ou frias.

Sopas quentes
Receitas que serão servidas mornas ou quentes são preparadas com o cozimento dos ingredientes no fogão ou no forno e depois batidas com o líquido da cocção.

Sopas frias
Podem ser preparadas com ingredientes cozidos ou crus. As que não congelam bem geralmente são as que levam produtos crus, como banana ou melão. Quando fizer uma sopa fria, lembre-se de que terá de deixá-la um tempo na geladeira.

Caldos e consomês
Esses caldos ralos e claros precisam de um longo cozimento de vegetais e/ou ossos de carne bovina e aves em água, de modo a extrair os minerais benéficos. Eles muitas vezes incluem produtos aromáticos, como gengibre, para obter mais sabor e nutrientes. Os caldos são simplesmente peneirados antes do consumo; os consomês são clarificados, em geral com claras de ovos, para remover impurezas.

EQUIPAMENTOS E UTENSÍLIOS

Fazer sopa não requer equipamentos especiais. Além de um liquidificador, você precisa de:
★ Assadeira
★ Caçarola
★ Faca de chef
★ Tábua de cozinha
★ Frigideira
★ Concha
★ Peneira
★ Faca para legumes e frutas
★ Descascador de legumes e frutas
★ Tigelas
★ Espátula
★ Colher de pau

Alimentos quentes
Tome cuidado ao bater sopas quentes no liquidificador. O vapor cria uma pressão que pode empurrar a tampa do aparelho e espirrar líquido para todo lado (inclusive em você). Se usar um liquidificador comum, retire o círculo central da tampa e cubra com um pano de prato dobrado enquanto o aparelho estiver ligado, para evitar o acúmulo de pressão. Outra opção é usar um mixer. Tire a panela do fogo e, com cuidado, bata os ingredientes ali dentro.

1. PREPARAR

Para fazer sopas é fundamental dedicar um tempo ao planejamento e ao preparo. Quando escolher um detox, faça uma lista de todos os ingredientes necessários e compre tudo com antecedência. Manter a despensa provida de produtos básicos facilita as compras.

2. COZINHAR E BATER

É recomendável começar o preparo das sopas uma semana antes do detox. Na hora de ir para o fogão, confira se tem todos os ingredientes necessários, além dos utensílios básicos. Deixe tudo à mão, como alho amassado e cebola picada. Assim, cozinhar fica bem mais rápido.

LIQUIDIFICADOR
Um aparelho tradicional é capaz de bater grandes quantidades de sopa e deixá-la com consistência homogênea, mesmo se usar ingredientes duros ou fibrosos. Para facilitar o trabalho, pode ser interessante investir em um modelo mais potente.

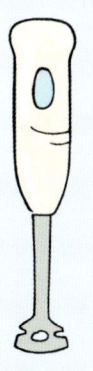

MIXER
Um mixer portátil permite bater sopas diretamente na panela usada para o cozimento. É ótimo para processar ingredientes quentes com segurança e diminui a quantidade de louça para lavar.

LIQUIDIFICADOR COMPACTO
Útil para bater porções individuais – principalmente as sopas que levam ingredientes perecíveis. Também é fácil de limpar.

PROCESSADOR DE ALIMENTOS
Pode substituir o liquidificador, se necessário, mas nem sempre produz uma textura tão homogênea. Transferir ingredientes líquidos pode ser difícil.

3. ARMAZENAR

Se não consumir a sopa na mesma hora, coloque-a em um recipiente com tampa hermética e leve à geladeira ou ao freezer (se a receita puder se congelada). Muitas se conservam na geladeira por até cinco dias – ou no freezer por oito semanas. Para descongelar, mantenha refrigerada por 24 horas. Antes de servir, você pode bater rapidamente para reincorporar os ingredientes.

PARA CONSERVAR

Muitas receitas podem ser preparadas com dias ou até semanas de antecedência, desde que você armazene da maneira correta. Prepare uma boa quantidade e separe em porções. Invista em recipientes próprios para congelar.

COZINHE EM QUANTIDADE

Preparar uma porção de sopa leva quase o mesmo tempo que cozinhar uma quantidade maior. Economize tempo e energia fazendo duas ou três porções. Em geral, o que sobra pode ser congelado e consumido em outro dia. Confira em cada receita o tempo de armazenamento na geladeira e no freezer.

GUARDE EM PORÇÕES INDIVIDUAIS

Em vez de usar um recipiente grande, divida a sopa em porções individuais. Assim ela esfria mais rápido e ocupa menos espaço na geladeira ou no freezer. Isso também facilita na hora de comer e garante que você consuma apenas a quantidade desejada de calorias.

Sopa de abacaxi e couve

Sopa de morango com chia

Sopa de vegetais de inverno

Para conservar   19

Para evitar vazamentos... transporte as sopas congeladas e descongele na geladeira ou no micro-ondas no local de destino.

10 SOPAS PARA CONGELAR

A maior parte das receitas deste livro congela bem. Para começar, prepare porções duplas dessas sopas que vão bem no freezer.

1. Sopa de feijão-preto picante
2. Sopa de batata-doce com noz-moscada
3. Sopa de brócolis com rúcula
4. Sopa de abobrinha com manjericão
5. Sopa de abóbora-cheirosa com curry
6. Sopa de lentilha
7. Sopa de vegetais de inverno
8. Sopa de abóbora-cheirosa com feijão-preto
9. Caldo de legumes com gergelim
10. Sopa de cenoura e erva-doce

ESCOLHA O RECIPIENTE CERTO

Procure recipientes com tampa hermética, à prova de vazamentos, que possam suportar o calor – assim é fácil usar o micro-ondas. Devem ser grandes o suficiente para guardar pelo menos 500 ml, com espaço para aquecer e mexer. Potes de vidro ou plástico resistente com tampas de rosca são ótimos para armazenar e transportar.

sopa de framboesa com coco

sopa de avocado e rúcula

sopa de frutas vermelhas

O básico

PREPARANDO-SE PARA UM DETOX

Este livro traz dez programas detox, cada um elaborado para nutrir ou melhorar aspectos específicos da saúde. Escolha um que atenda a suas necessidades e se encaixe em sua agenda.

ESCOLHA UM DETOX

★ Defina um período em que você não tenha muitos compromissos sociais ou de trabalho.

★ Peça para um amigo ou companheiro juntar-se a você. É sempre mais fácil quando há alguém para lembrar sua responsabilidade.

OS DEZ PROGRAMAS

1. Para acelerar o metabolismo: Reajusta e acelera o metabolismo. P. 34

2. Para aumentar a energia: Estimula a energia e a resistência. P. 46

3. Para perder peso: Reduz o inchaço e incentiva o começo da dieta. P. 66

4. Para hidratar: Refresca e hidrata o corpo. P. 78

5. Para alcalinizar: Normaliza os níveis de pH do organismo. P. 98

6. Para melhorar a aparência: Nutre o cabelo, a pele e as unhas. P. 110

7. Para purificar: Elimina impurezas do corpo. P. 132

8. Para aumentar a imunidade: Fortifica o sistema imunológico. P. 144

9. Para o sistema digestório: Alivia e devolve o equilíbrio natural do sistema digestório. P. 164

10. Anti-inflamatório: Ajuda a reduzir inflamações e combate dores articulares. P. 176

COMO SE PREPARAR PARA UM DETOX

2 SEMANAS ANTES

★ Escolha o programa detox.

★ Confira a lista de compras e adquira os produtos não perecíveis que estiverem faltando na despensa.

1 SEMANA ANTES

★ Veja se tem recipientes adequados para armazenar as sopas. Se quiser guardá-las em porções individuais, precisará de seis vasilhas com capacidade para 500 ml para cada dia do detox.

★ Compre os ingredientes para as duas sopas que serão preparadas e congeladas.

★ Cozinhe as duas sopas e congele-as.

3 DIAS ANTES

★ Compre os ingredientes pedidos nas receitas restantes e outros alimentos saudáveis para começar a transição entre sua alimentação e o detox.

★ Prepare e congele mais duas sopas.

★ Comece a modificar a alimentação conforme a orientação do detox escolhido, eliminando açúcar e comida processada.

1 DIA ANTES

★ No dia anterior ao detox, prepare as sopas que faltam e leve à geladeira ou ao freezer.

★ Retire as sopas congeladas do freezer e mantenha na geladeira para descongelar.

PERGUNTAS E RESPOSTAS

P Preciso consumir as sopas em uma ordem determinada?
R Não. Embora a ordem seja sugerida com base nos benefícios de uma receita específica (por exemplo, começar o dia com uma sopa que acelera o metabolismo), escolher outra sequência não interfere no resultado do detox.

P Posso fazer exercícios durante o detox?
R Exercício físico é sempre benéfico, mas prefira atividades leves: seu consumo calórico pode ser menor do que o habitual e talvez você não possa gastar muitas calorias.

P Como vou me sentir?
R A experiência varia de acordo com os hábitos e a alimentação habitual de cada um. A maior parte das pessoas acha que o primeiro dia traz mais desafios. Algumas se sentem letárgicas ou têm dor de cabeça. Não se preocupe, isso é apenas um sinal de que seu organismo registrou a mudança. As dores de cabeça e o cansaço devem desaparecer depois do primeiro ou segundo dia.

P Posso tomar café?
R O café é uma bebida ácida que tira o organismo do estado alcalino ideal. Um dos grandes benefícios das sopas detox é ajudar a controlar o desejo de comer. Durante o curto período do programa, tente renunciar ao café. Se você realmente precisa de cafeína, experimente chá-verde.

P Posso congelar as sopas?
R A maior parte das sopas deste livro pode ser congelada. Veja as orientações no item Armazenamento de cada receita. (Descongele na geladeira, por 24 horas, antes de servir.)

P Posso consumir alimentos sólidos durante o detox?
R Se você sente necessidade de mastigar ou comer algum outro alimento, experimente vegetais crus ou cozidos no vapor com uma espremida de limão-taiti ou metade de um avocado com um pouco de sal marinho.

P Vou perder peso?
R Isso vai depender de como é sua alimentação regular; como os programas detox são pouco calóricos, porém, muitas pessoas emagrecem.

P Vou sentir fome?
R Muitas pessoas dizem que não sentem fome nenhuma; na verdade, algumas têm dificuldade em consumir todas as sopas do dia. As fibras vegetais e a grande quantidade de água promovem saciedade.

P O detox vai deixar meu metabolismo lento?
R O programa de sopas fornece calorias suficientes para manter o funcionamento metabólico. Muitas receitas incluem ingredientes que podem até acelerá-lo.

ORIENTAÇÕES PARA O DETOX

Para obter os melhores resultados, prepare o corpo e faça pequenas modificações na alimentação nos dias anteriores e posteriores ao detox.

Ajustar sua dieta antes e depois do detox ajuda a potencializar as vantagens do programa e evita que você retorne rapidamente aos hábitos antigos. Se você refreou a gula, perdeu peso, ganhou energia ou simplesmente deu o pontapé inicial para um estilo de vida mais saudável, fazer a transição da maneira apropriada prolonga os benefícios. Mesmo que você siga o detox por apenas um ou dois dias, modificar a dieta antes e depois facilita a transição. Nesse período, limite-se às sopas e evite beliscar ou tomar bebidas adocicadas.

QUANDO FAZER O DETOX?	A TRANSIÇÃO INICIAL	DURANTE O DETOX	A TRANSIÇÃO FINAL
Fica a seu critério, de acordo com seu estilo de vida e alimentação. Algumas pessoas gostam de fazer um detox a cada três meses, para reajustar o organismo de acordo com a mudança das estações. Outras preferem programas mensais. Há quem siga o detox depois de um fim de semana ou de um feriado em que tenha cometido excessos. Se seu objetivo é perder peso, poderá praticar com maior frequência por um período mais curto. Não há certo ou errado a respeito da melhor época. Ouça seu corpo. Seguir uma dieta nutritiva baseada em vegetais é sempre uma boa ideia.	**3 dias antes:** Retire alimentos processados de sua dieta e procure consumir produtos integrais, incluindo vegetais, leguminosas, carne magra e grãos. **2 dias antes:** Elimine a carne vermelha, as aves e os laticínios. Dê preferência a uma dieta de vegetais, complementada com peixe, grãos e leguminosas. **1 dia antes:** Exclua todos os produtos de origem animal e alimente-se de vegetais; complemente com leguminosas, grãos e oleaginosas. Beba ao menos oito copos de água.	★ Tente consumir apenas as sopas que você preparou para o detox. ★ Beba 1-2 copos de água ou chá sem adoçante entre as refeições (a meta é beber oito copos de água por dia). ★ Pratique exercícios leves diariamente. ★ Durma 7-8 horas por noite.	**1 dia depois:** Siga uma alimentação baseada em vegetais e complementada com leguminosas, grãos e oleaginosas. Beba pelo menos oito copos de água. **2 dias depois:** Continue a dar preferência aos vegetais; complemente com grãos e leguminosas. Se quiser, comece a incluir peixe nas refeições. Beba pelo menos oito copos de água. **3 dias depois:** O foco deve se manter nas refeições baseadas em vegetais, com grãos e leguminosas. Se quiser, pode adicionar outros tipos de proteína magra, como frango ou carne de porco. Beba oito copos de água, no mínimo.

Com baixas taxas de açúcar e muito volume, as sopas saciam e mantêm o desejo por comida sob controle.

As sopas deste livro, baseadas em vegetais e caldos, são feitas para deixá-lo satisfeito durante o detox, ao mesmo tempo que fornecem nutrientes e antioxidantes importantes.

2
SOPAS PARA A PRIMAVERA

Inclui programas detox para acelerar o metabolismo e aumentar a energia. Os sabores intensos dos vegetais da estação são valorizados nessas receitas de textura leve, mas que saciam a fome. Os ingredientes utilizados fazem com que os delicados sabores da primavera prevaleçam.

A pimenta-serrano acelera o metabolismo e contém capsaicina, que ajuda a combater o envelhecimento celular.

A manga é rica em fibras, vitamina C, vitamina A e ferro.

SOPA DE MANGA COM LIMÃO-TAITI

Esse é um **elixir leve e refrescante**, de consistência encorpada e **cremosa** graças à manga. A doçura é equilibrada com a **acidez do suco de limão-taiti** e o **toque picante da pimenta-serrano**. Sirva fria.

PREPARO
35 minutos

RENDIMENTO
Rende 1 litro
Porções de 500 ml

ARMAZENAMENTO
5 dias na geladeira
8 semanas no freezer

INGREDIENTES

- 2 mangas grandes cortadas em cubos
- ¼ de pimenta-serrano (p. 15) sem sementes e bem picada
- suco de 1 limão-taiti
- 750 ml de água

PREPARO

1. Coloque a manga, a pimenta-serrano, o suco de limão e a água no liquidificador. Bata por 30 segundos, ou até obter uma mistura homogênea.

2. Leve à geladeira por 30 minutos. Se necessário, bata rapidamente antes de servir.

CADA PORÇÃO CONTÉM

calorias	214
gorduras totais	2 g
colesterol	0 mg
sódio	5 mg
carboidratos	54 g
fibras	6 g
açúcar	47 g
proteínas	3 g

Para fazer...
Sopa cremosa de manga, junte 140 g de iogurte grego e 1 colher (chá) de gengibre ralado e bata.

Com altos teores de água e fibras, o pepino é hidratante e ótimo para a digestão.

SOPA DE
AVOCADO E RÚCULA

Com a **cremosidade do avocado**, o **sabor picante da rúcula** e o **pepino hidratante**, essa é uma sopa homogênea e aveludada, com notas herbáceas do **manjericão** e do **coentro frescos**. Sirva fria.

PREPARO
10 minutos

RENDIMENTO
Rende 1 litro
Porções de 500 ml

ARMAZENAMENTO
5 dias na geladeira
8 semanas no freezer

INGREDIENTES

- ½ avocado
- 225 g de pepino descascado fatiado
- 85 g de rúcula baby
- 75 g de alface-romana picada
- 15 g de folhas de coentro bem picadas
- 2 cols. (sopa) de manjericão bem picado
- 1 ½ col. (sopa) de vinagre de vinho tinto
- 600 ml de água
- sal e pimenta-do-reino moída na hora

PREPARO

1. Coloque o avocado, o pepino, a rúcula, a alface, o coentro, o manjericão, o vinagre e a água no liquidificador. Bata por 30 segundos, ou até obter uma consistência homogênea.

2. Se desejar, leve à geladeira por 30 minutos. Tempere com uma pitada de sal e pimenta-do-reino e bata rapidamente para reincorporar os ingredientes.

CADA PORÇÃO CONTÉM

calorias	89
gorduras totais	6 g
colesterol	0 mg
sódio	303 mg
carboidratos	7 g
fibras	4 g
açúcar	3 g
proteínas	2 g

Para um toque picante... leve ao liquidificador uma pitada de pimenta vermelha em flocos ou 2 colheres (chá) de pimenta-serrano (p.15) bem picada.

O leite de amêndoa contém riboflavina, que aumenta a energia, e vitamina E, que ajuda a fortalecer a imunidade.

A goji berry é rica em antioxidantes, fibras e ferro.

SOPA DE FRUTAS VERMELHAS PODEROSA

Essa receita **doce e adstringente** é uma maneira deliciosa de começar o dia. O **iogurte grego** dá uma **base rica em proteínas**, enquanto o morango e a goji berry acrescentam um **toque frutado**. Sirva fria.

PREPARO
20 minutos

RENDIMENTO
Rende 750 ml
Porções de 500 ml

ARMAZENAMENTO
2 dias na geladeira
8 semanas no freezer

INGREDIENTES

- 2 cols. (sopa) de sementes de linhaça moídas
- 3 cols. (sopa) de goji berry desidratada
- 250 ml de leite de amêndoa sem açúcar
- 300 g de morango picado
- 140 g de iogurte grego light
- 2 cols. (chá) de extrato de baunilha
- 2 cols. (chá) de mel

PREPARO

1. Em uma tigela pequena, misture as sementes de linhaça, as goji berries e o leite de amêndoa. Reserve por 15 minutos, para hidratar.

2. Coloque a mistura no liquidificador com o morango, o iogurte grego, a baunilha e o mel. Bata por 30 segundos, ou até ficar homogênea.

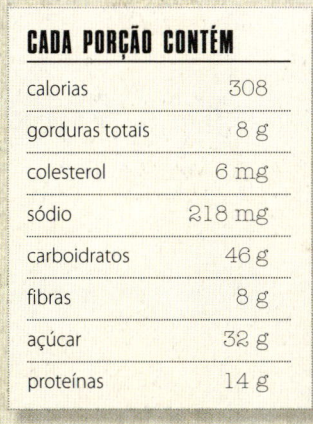

Polvilhe com... sementes de linhaça, para um toque crocante e amendoado, ou use morango congelado para dar mais consistência.

CADA PORÇÃO CONTÉM

calorias	308
gorduras totais	8 g
colesterol	6 mg
sódio	218 mg
carboidratos	46 g
fibras	8 g
açúcar	32 g
proteínas	14 g

Além de rico em vitamina C, o pimentão é uma boa fonte de vitamina B6, que ajuda a desintoxicar o fígado.

SOPA DE COUVE E PIMENTÃO

Essa receita delicada junta **pimentão amarelo suave, avocado cremoso** e **pepino crocante** à couve nutritiva para uma **refeição de primavera** refrescante, leve e simples. Sirva gelada.

PREPARO
20 minutos

RENDIMENTO
Rende 1 litro
Porções de 500 ml

ARMAZENAMENTO
5 dias na geladeira
Não é recomendável congelar

INGREDIENTES

- 300 g de pepino descascado picado
- 350 g de pimentão amarelo picado
- 45 g de couve sem talos picada
- 75 g de aipo picado
- 30 g de manjericão picado
- 2 cols. (sopa) de suco de limão-siciliano
- ½ avocado
- 500 ml de água
- sal e pimenta-do-reino moída na hora

PREPARO

1. Coloque o pepino, o pimentão, a couve, o aipo, o manjericão, o suco de limão, o avocado e a água no liquidificador.

2. Bata por 30 segundos, ou até obter uma consistência homogênea. Tempere com uma pitada de sal e pimenta-do-reino e bata outra vez, rapidamente, para incorporar.

CADA PORÇÃO CONTÉM

calorias	154
gorduras totais	8 g
colesterol	0 mg
sódio	341 mg
carboidratos	19 g
fibras	8 g
açúcar	9 g
proteínas	4 g

Para deixar mais nutritiva... adicione 45 g de quinoa, painço ou amaranto cozidos e bata com os demais ingredientes.

DETOX DE 3 DIAS PARA ACELERAR O METABOLISMO

Metabolismo é o processo pelo qual o corpo quebra os nutrientes e produz energia. Um metabolismo saudável ajuda a manter o peso normal, contribui para o funcionamento do organismo e afasta o cansaço. A má alimentação pode afetar diretamente o metabolismo. Faça esse detox para revigorar e manter a saúde metabólica.

Siga por três dias. Depois, tente incorporar essas sopas à sua alimentação diária, para manter o efeito.

Passe as sopas do freezer para a geladeira no máximo dois ou três dias antes de consumir. As que não podem ser congeladas devem ser preparadas de um a dois dias antes do consumo.

Lista de compras

Geladeira/Freezer
Pimenta-serrano (1)
Pimenta-poblano (2)
Cebola (6 médias)
Cenoura (4 médias)
Aipo (5 talos)
Alho (22 dentes)
Gengibre fresco (3 pedaços de 2,5 cm)
Abóbora-cheirosa (2 pequenas)
Espinafre baby (175 g)
Manga (2)
Limão-taiti (10)
Coentro fresco (1 maço)
Salsa (5 talos)

Despensa
Azeite (150 ml)
Amêndoa crua (150 g)
Xarope de agave (4 cols. sopa)
Leite de coco light (250 ml)
Tomate pelado picado (3 latas de 400 g)
Purê de tomate (60 g)
Grão-de-bico (2 latas de 400 g)
Feijão-preto (2 latas de 400 g)
Água (10 litros)
Folhas de chá-preto descafeinado (2 cols. sopa)
Extrato de baunilha (2 cols. chá)
Cominho (2 cols. sopa + 2 cols. chá)
Canela (1 col. sopa + ½ col. chá)
Pimenta-de-caiena (½ col. chá)
Páprica (1 col. chá)
Curry em pó (2 cols. chá)
Paus de canela (2)
Anis-estrelado (1)
Cardamomo moído (¾ de col. chá)
Pimenta-ancho moída (2 col. sopa + 1½ col. chá)
Pimenta de árbol (4 cols. sopa)
Pimenta vermelha em pó (1 col. sopa)
Sal
Pimenta-do-reino

Eventuais alternativas para ingredientes são indicadas nas respectivas receitas.

Detox de 3 dias para acelerar o metabolismo

PREPARO

1 SEMANA ANTES

★ Prepare o **Caldo vuelve a la vida** (uma receita); congele em porções de 500 ml. RECEITA NA P. 182

★ Prepare a **Sopa de feijão-preto picante** (duas receitas); congele em porções de 500 ml. RECEITA NA P. 102

★ Elimine alimentos processados e açúcar das refeições diárias e procure consumir produtos integrais.

3 DIAS ANTES

★ Prepare a **Sopa de abóbora-cheirosa com curry** (duas receitas); congele em porções de 500 ml. RECEITA NA P. 91

★ Prepare a **Sopa de grão-de-bico picante** (duas receitas); congele em porções de 500 ml. RECEITA NA P. 137

★ Elimine os laticínios de sua alimentação diária.

★ Procure basear as refeições em vegetais, complementando com peixe, grãos e leguminosas.

1 DIA ANTES

★ Prepare a **Sopa de manga com limão-taiti** (duas receitas); mantenha na geladeira ou congele em porções de 500 ml. RECEITA NA P. 27

★ Prepare a **Sopa de amêndoa chai** (duas receitas); mantenha na geladeira ou congele em porções de 250 ml. RECEITA NA P. 140

★ Transfira as sopas congeladas do freezer para a geladeira, para descongelar.

★ Elimine todas as proteínas animais sólidas de sua alimentação.

★ Consuma refeições à base de vegetais, com um pouco de leguminosas, grãos e oleaginosas.

★ Beba pelo menos 8 copos de água.

DURANTE O DETOX

SOPAS DIÁRIAS

CAFÉ DA MANHÃ
Sopa de manga com limão-taiti (500 ml)

LANCHE
Caldo vuelve a la vida (500 ml)

ALMOÇO
Sopa de feijão-preto picante (500 ml)

LANCHE
Sopa de abóbora-cheirosa com curry (500 ml)

JANTAR
Sopa de grão-de-bico picante (500 ml)

SOBREMESA
Sopa de amêndoa chai (250 ml)

ALTERNATIVAS
Sopa de melão-cantalupo e jalapeño (café da manhã)
RECEITA NA P. 61

Caldo de galinha picante (lanche)
RECEITA NA P. 156

REFORÇO AO DETOX

★ Beba 2 copos de água alcalina* entre as refeições.

★ Faça 30-60 minutos de exercícios moderados diariamente – de preferência treinos de alta intensidade ou musculação.

* Águas mais alcalinas têm pH mais próximo de 14. Verifique nos rótulos das embalagens de água mineral.

GASPACHO DE KIWI E COUVE

Refrescante e levemente ácida, essa sopa contém diversas frutas e verduras ricas em **vitaminas**. As **uvas doces** e o **kiwi picante** equilibram os sabores mais rústicos do espinafre e da couve. Sirva fria.

PREPARO
10 minutos

RENDIMENTO
Rende 500 ml
Porções de 250 ml

ARMAZENAMENTO
5 dias na geladeira
8 semanas no freezer

INGREDIENTES

2 kiwis picados

30 g de couve sem talos picada

85 g de uva verde cortada ao meio

45 g de espinafre baby

120 ml de água

2 cols. (chá) de xarope de agave

PREPARO

1. Coloque o kiwi, a couve, a uva, o espinafre, a água e o xarope de agave no liquidificador. Bata por 30 segundos, ou até obter uma mistura homogênea.

2. Se quiser, leve à geladeira por 30 minutos. Bata levemente antes de servir.

CADA PORÇÃO CONTÉM

calorias	114
gorduras totais	1 g
colesterol	0 mg
sódio	16 mg
carboidratos	27 g
fibras	4 g
açúcar	19 g
proteínas	2 g

Para incrementar o sabor...
use couve toscana, que tende a ser menos amarga do que outras variedades.

A vitamina C, presente no kiwi, é vital para a saúde do sistema imunológico.

Sopas para a primavera

SOPA DE
CENOURA COM CURRY

Leite de coco e curry combinam com **cenouras adocicadas** e **gengibre picante** nessa **sopa saborosa e reconfortante**. Rica em vitaminas A e C, é nutritiva e revigorante. Sirva quente.

PREPARO
30 minutos

RENDIMENTO
Rende 1 litro
Porções de 500 ml

ARMAZENAMENTO
5 dias na geladeira
8 semanas no freezer

INGREDIENTES

- ¾ de col. (sopa) de óleo de coco
- 115 g de cebola picada
- ¾ de dente de alho amassado
- 300 g de cenoura picada
- 1 litro de água
- 1 col. (chá) de curry em pó
- 4 cols. (sopa) de leite de coco light
- ¼ de col. (chá) de gengibre ralado
- sal e pimenta-do-reino moída na hora

PREPARO

1. Em uma panela média, aqueça o óleo de coco em fogo médio por 2 minutos.

2. Refogue a cebola e o alho por 5 minutos, ou até o alho desprender seu aroma e a cebola ficar transparente.

3. Acrescente a cenoura e a água. Aumente o fogo e espere ferver. Reduza a chama, tampe e cozinhe por cerca de 10 minutos, até a cenoura ficar macia.

4. Transfira para o liquidificador. Adicione o curry, o leite de coco e o gengibre. Com cuidado, bata por 30 segundos, ou até ficar homogênea. Tempere com uma pitada de sal e pimenta-do-reino para dar sabor.

CADA PORÇÃO CONTÉM

calorias	166
gorduras totais	9 g
colesterol	0 mg
sódio	242 mg
carboidratos	22 g
fibras	7 g
açúcar	10 g
proteínas	3 g

Acrescente...
1 colher (sopa) de sementes de chia na hora de servir, para adicionar proteínas e textura.

SOPA DE ABOBRINHA PICANTE

O sabor **defumado e levemente picante** da pimenta-poblano brilha nessa receita com base aveludada de abobrinha, rica em fibras. **Limão-taiti e cominho** complementam o **sabor latino**. Sirva quente.

PREPARO
25 minutos

RENDIMENTO
Rende 1,5 litro
Porções de 500 ml

ARMAZENAMENTO
5 dias na geladeira
8 semanas no freezer

INGREDIENTES

- 1½ col. (chá) de óleo de coco
- 150 g de cebola picada
- 2 cols. (chá) de pimenta-serrano (p. 15) picada
- 350 g de pimenta-poblano (p.15) sem sementes picada
- 25 g de milho-verde
- 600 g de abobrinha picada
- 1,2 litro de água
- 30 g de coentro sem talos picado
- suco de 2 limões-taiti
- ½ col. (chá) de cominho
- sal e pimenta-do-reino moída na hora

PREPARO

1. Em uma panela média, aqueça o óleo de coco em fogo médio por 2 minutos. Junte a cebola e as pimentas. Refogue por cerca de 5 minutos, até a cebola ficar translúcida.

2. Acrescente o milho-verde, a abobrinha e a água. Espere ferver, diminua a temperatura e cozinhe até todos os ingredientes ficarem macios. Retire do fogo.

3. Transfira para o liquidificador e adicione o coentro, o suco de limão e o cominho. Bata por 30 segundos, ou até a sopa ficar homogênea; se necessário, adicione água para diluir um pouco. Tempere com uma pitada de sal e pimenta-do-reino.

CADA PORÇÃO CONTÉM

calorias	167
gorduras totais	3 g
colesterol	0 mg
sódio	140 mg
carboidratos	33 g
fibras	8 g
açúcar	17 g
proteínas	7 g

SOPA DE
BETERRABA E LARANJA

Essa receita harmoniza a **rusticidade sutil** da beterraba, a **doçura intensa** da laranja e as **notas herbáceas** do manjericão fresco em uma sopa vermelha que **desintoxica e dá energia**. Sirva fria.

PREPARO
1h15

RENDIMENTO
Rende 1 litro
Porções de 500 ml

ARMAZENAMENTO
4 dias na geladeira
8 semanas no freezer

INGREDIENTES

- 2 beterrabas médias aparadas nas extremidades
- 1 col. (sopa) de azeite
- 350 ml de suco de laranja fresco
- 1 col. (chá) de cebola roxa picada
- 30 g de manjericão fresco bem picado
- 1 col. (chá) de gengibre ralado
- 250 ml de água

PREPARO

1. Preaqueça o forno a 450ºC. Forre uma assadeira com papel-alumínio e coloque a beterraba. Regue com o azeite e asse por 20-45 minutos, ou até ficar macia quando espetada com um garfo.

2. Retire a beterraba do forno e, com cuidado, descasque e corte-a em cubos (deve render cerca de 400 g).

3. Coloque a beterraba, o suco de laranja, a cebola, o manjericão, o gengibre e a água no liquidificador. Bata por 30 segundos.

4. Leve à geladeira por 30 minutos, ou até gelar. Bata rapidamente para reincorporar os ingredientes e sirva.

CADA PORÇÃO CONTÉM

calorias	183
gorduras totais	7 g
colesterol	0 mg
sódio	66 mg
carboidratos	29 g
fibras	3 g
açúcar	21 g
proteínas	3 g

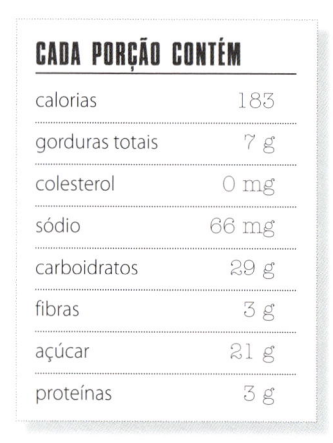

Para fazer...
Sopa de laranja e frutas vermelhas com manjericão, substitua a beterraba por 300 g de amora ou framboesa.

A beterraba é rica em folato, substância vital para o crescimento celular saudável.

Sopas para a primavera

SOPA DE ESPINAFRE E FEIJÃO-BRANCO

Essa receita **revigora e satisfaz**, com uma base saborosa de cebola, cenoura e aipo enriquecida com as **proteínas do feijão-branco**. Manjericão fresco, alho e limão-siciliano complementam o prato. Sirva quente.

PREPARO
35 minutos

RENDIMENTO
Rende 1,5 litro
Porções de 500 ml

ARMAZENAMENTO
5 dias na geladeira
8 semanas no freezer

INGREDIENTES

- ¾ de col. (sopa) de azeite
- 115 g de cebola picada
- 115 g de cenoura picada
- 115 g de aipo picado
- 3 dentes de alho amassados
- 1 col. (sopa) de purê de tomate
- 1,2 litro de água
- 800 g de feijão-branco cozido
- 175 g de espinafre baby
- 60 g de couve picada
- ¼ de col. (chá) de pimenta vermelha em flocos
- 3 cols. (sopa) de manjericão
- 1 col. (chá) de suco de limão-siciliano
- sal e pimenta-do-reino moída na hora

PREPARO

1. Em uma panela média, aqueça o azeite em fogo médio por 2 minutos.

2. Junte a cebola, a cenoura, o aipo e o alho. Refogue por 5 minutos, ou até o alho desprender seu aroma e a cenoura ficar translúcida. Acrescente o purê de tomate e refogue por 5 minutos.

3. Adicione a água e o feijão. Aumente o fogo e espere ferver. Reduza a temperatura e cozinhe por 10 minutos. Junte o espinafre e a couve; espere murchar.

4. Com cuidado, transfira a sopa para o liquidificador. Acrescente a pimenta em flocos, o manjericão e o suco de limão. Bata por 30 segundos, ou até obter uma consistência homogênea. Tempere com uma pitada de sal e pimenta-do-reino.

Em vez de água... use caldo de frango para um sabor mais intenso e outros benefícios para a saúde.

CADA PORÇÃO CONTÉM

calorias	262	carboidratos	48 g
gorduras totais	2 g	fibras	11 g
colesterol	0 mg	açúcar	5 g
sódio	171 mg	proteínas	15 g

SOPA DE VEGETAIS DA PRIMAVERA

Um **caldo de legumes cozido lentamente** forma a base dessa sopa delicada. **Com cenoura, aipo,** espinafre e ervilhas, é uma **refeição leve, perfeita para a tarde.** Sirva quente.

PREPARO
1h35

RENDIMENTO
Rende 1 litro
Porções de 500 ml

ARMAZENAMENTO
5 dias na geladeira
8 semanas no freezer

INGREDIENTES

Para o caldo de legumes:

2 cols. (chá) de azeite
115 g de cebola picada grosseiramente
115 g de cenoura picada grosseiramente
75 g de aipo picado grosseiramente
3 dentes de alho
1,4 litro de água
60 g de salsa (talos e folhas)

Para a sopa:

2 cols. (chá) de azeite
175 g de alho-poró fatiado
1 dente de alho amassado
15 g de cenoura fatiada
20 g de erva-doce fatiada
85 g de espinafre baby
4 cols. (sopa) de ervilha congelada
sal e pimenta-do-reino moída na hora

PREPARO

1. Para o caldo: em uma panela média, aqueça o azeite em fogo médio por 2 minutos. Junte a cebola, a cenoura, o aipo e o alho. Refogue por 5 minutos, ou até a cebola ficar translúcida. Acrescente a água e a salsa. Tampe, aumente o fogo e espere ferver.

2. Reduza a chama e cozinhe por 45 minutos a 1 hora. Coe e descarte os vegetais.

3. Para a sopa: em uma panela média, aqueça o azeite em fogo médio por 2 minutos e refogue o alho-poró e o alho por cerca de 4 minutos, até o alho-poró ficar macio.

4. Junte o caldo de legumes, a cenoura, a erva-doce, o espinafre e a ervilha. Aqueça em fogo médio por cerca de 5 minutos, até todos os ingredientes ficarem cozidos. Tempere com uma pitada de sal e pimenta-do-reino.

CADA PORÇÃO CONTÉM

calorias	130	carboidratos	24 g
gorduras totais	3 g	fibras	7 g
colesterol	0 mg	açúcar	9 g
sódio	283 mg	proteínas	5 g

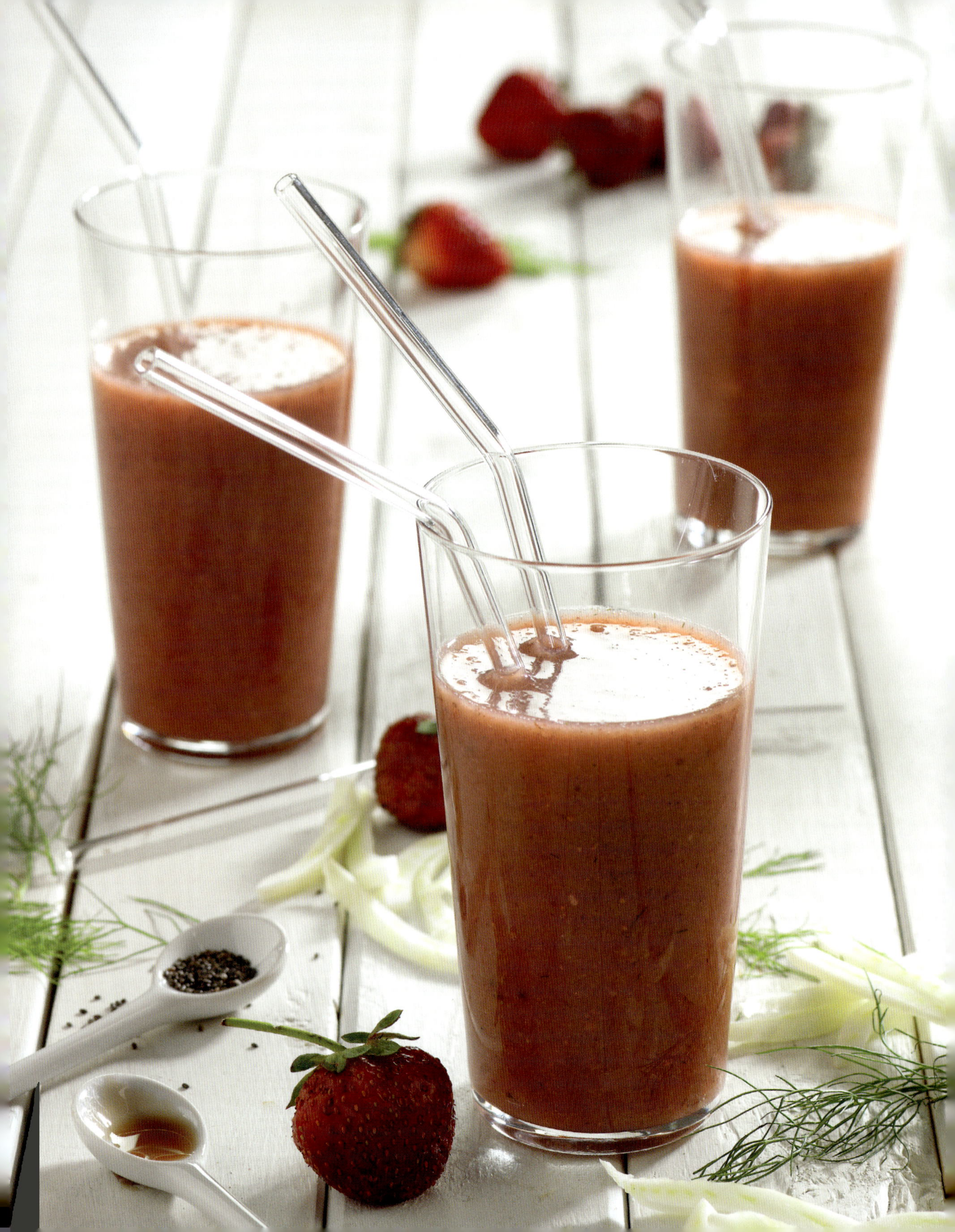

SOPA DE MORANGO COM CHIA

Comece o dia com essa combinação **refrescante e adocicada**. A chia garante **proteínas** que saciam, o morango contém **antioxidantes** e a erva-doce equilibra o sabor. Sirva fria.

PREPARO
8 minutos

RENDIMENTO
Rende 1 litro
Porções de 500 ml

ARMAZENAMENTO
4 dias na geladeira
8 semanas no freezer

INGREDIENTES

- 175 g de erva-doce fatiada
- 300 g de picado
- 500 ml de água de coco
- 1½ col. (chá) de xarope de agave
- 2 cols. (chá) de sementes de chia

PREPARO

1. Coloque a erva-doce, o morango, a água de coco e o xarope de agave no liquidificador. Bata por 30 segundos, ou até a sopa ficar homogênea.

2. Acrescente as sementes de chia e reserve por 10 minutos, ou até engrossar levemente.

Para fazer...
Sopa azeda de framboesa com chia, substitua o morango por 300 g de framboesa.

CADA PORÇÃO CONTÉM

calorias	187
gorduras totais	4 g
colesterol	0 mg
sódio	301 mg
carboidratos	36 g
fibras	12 g
açúcar	21 g
proteínas	5 g

DETOX DE 3 DIAS PARA AUMENTAR A ENERGIA

As sopas desse programa estão repletas de ingredientes que aumentam a energia e garantem sustento por um longo período – perfeito para quando você se sente letárgico ou esgotado.

Siga a dieta por três dias. Depois, tente incorporar essas sopas energizantes à sua alimentação diária sempre que precisar de uma injeção de ânimo.

Passe as sopas do freezer para a geladeira no máximo dois ou três dias antes de consumir. As que não podem ser congeladas devem ser preparadas um ou dois dias antes do consumo.

Lista de compras

Geladeira/Freezer
Cenoura (11 médias)
Aipo (10 talos)
Couve (60 g, picada)
Espinafre baby (350 g)
Cogumelo (225 g)
Aipo-rábano (2 bulbos)
Cebola (1,5 kg)
Maçã verde (3)
Morango (600 g)
Laranja (3)
Grapefruit (2)
Limões (10)
Suco de limão-siciliano (1 col. chá)
Alho (17 dentes)
Cebolinha (60 g)
Manjericão (3 cols. sopa, picado)
Salsa fresca (85 g)
Lavanda (2 cols. chá, picada)
Leite de amêndoa sem açúcar (500 ml)
Iogurte grego light (280 g)

Despensa
Água de coco (150 ml)
Óleo de coco (3 cols. sopa)
Azeite (300 ml)
Água (6,25 litros)
Molho tamari (4 cols. sopa)
Extrato de baunilha (2 cols. chá)
Mel (2 cols. chá)
Sementes de linhaça moídas (4 cols. sopa)
Sementes de chia (2 cols. sopa)
Goji berrie desidratada (6 cols. sopa)
Freekeh (85 g)
Purê de tomate (1 col. sopa)
Feijão-branco (2 latas de 400 g)
Pimenta vermelha em flocos (¼ de col. chá)
Salsa desidratada (2 cols. chá)
Louro (2 folhas)
Sal
Pimenta-do-reino

Eventuais alternativas para ingredientes são indicadas nas respectivas receitas.

Detox de 3 dias para aumentar a energia

PREPARO

1 SEMANA ANTES

★ Prepare o **Caldo de tamari e limão-siciliano** (duas receitas); congele em porções de 500 ml.
RECEITA NA P. 171

★ Prepare a **Sopa de espinafre e feijão-branco** (uma receita); congele em porções de 500 ml.
RECEITA NA P. 42

★ Elimine alimentos processados e açúcar de sua dieta. Procure consumir produtos integrais.

3 DIAS ANTES

★ Prepare a **Sopa de cenoura com azeite de cebolinha** (duas receitas); congele em porções de 500 ml.
RECEITA NA P. 52

★ Prepare a **Sopa de maçã e aipo-rábano** (três receitas); congele em porções de 500 ml.
RECEITA NA P. 109

★ Elimine os laticínios de sua alimentação diária.

★ Procure basear as refeições em vegetais, complementando com peixe, grãos e leguminosas.

1 DIA ANTES

★ Prepare a **Sopa de frutas vermelhas poderosa** (duas receitas); mantenha na geladeira ou congele em porções de 500 ml.
RECEITA NA P. 31

★ Prepare a **Sopa cítrica com lavanda** (uma receita); mantenha na geladeira ou congele em porções de 250 ml.
RECEITA NA P. 150

★ Transfira as sopas congeladas do freezer para a geladeira, para descongelar.

★ Elimine todas as proteínas animais sólidas de sua alimentação.

★ Consuma refeições à base de vegetais, com um pouco de leguminosas, grãos e oleaginosas.

★ Beba pelo menos 8 copos de água.

DURANTE O DETOX

SOPAS DIÁRIAS

CAFÉ DA MANHÃ
Sopa de frutas vermelhas poderosa (500 ml)

LANCHE
Caldo de tamari e limão-siciliano (500 ml)

ALMOÇO
Sopa de cenoura com azeite de cebolinha (500 ml)

LANCHE
Sopa de maçã e aipo-rábano (500 ml)

JANTAR
Sopa de espinafre e feijão-branco (500 ml)

SOBREMESA
Sopa cítrica com lavanda (250 ml)

ALTERNATIVAS
Sopa de maçã e amaranto (café da manhã)
RECEITA NA P. 100

Sopa de banana com nozes (lanche)
RECEITA NA P. 107

REFORÇO AO DETOX

★ Beba 2 copos de água alcalina entre as refeições (p. 35).

★ Faça 20-30 minutos de exercícios leves a moderados diariamente.

SOPA DE
VERDURAS COM GENGIBRE

O leite de coco dá a essa **combinação leve e hidratante** uma textura acetinada, realçada por um **toque de gengibre**. Alface-romana e espinafre conferem o **sabor fresco das verduras** e uma cor verde intensa. Sirva fria.

PREPARO
40 minutos

RENDIMENTO
Rende 1 litro
Porções de 500 ml

ARMAZENAMENTO
4 dias na geladeira
8 semanas no freezer

INGREDIENTES

¾ de col. (sopa) de azeite
150 g de cebola picada
2 dentes de alho amassados
175 g de alface-romana picada grosseiramente
175 g de espinafre baby
15 g de coentro
500 ml de água
1 col. (chá) de gengibre ralado
2 cols. (sopa) de leite de coco light
sal e pimenta-do-reino moída na hora

PREPARO

1 Em uma panela média, aqueça o azeite em fogo médio por 2 minutos. Junte a cebola e o alho; refogue por cerca de 5 minutos, até a cebola ficar transparente.

2 Transfira a cebola e o alho para o liquidificador. Acrescente a alface, o espinafre, o coentro, a água e o gengibre. Bata por 30 segundos. Adicione o leite de coco e tempere com uma pitada de sal e pimenta-do-reino. Bata até a sopa ficar homogênea.

3 Deixe na geladeira por 30 minutos, ou até gelar. Bata rapidamente antes de servir, para reincorporar os ingredientes.

O espinafre é um superalimento repleto de nutrientes, incluindo fibras, cálcio e potássio.

Para fazer...
Sopa de verduras com gergelim, acrescente 1 colher (sopa) de molho tamari e ½ colher (chá) de óleo de gergelim.

CADA PORÇÃO CONTÉM

calorias	67
gorduras totais	2 g
colesterol	0 mg
sódio	195 mg
carboidratos	12 g
fibras	3 g
açúcar	5 g
proteínas	3 g

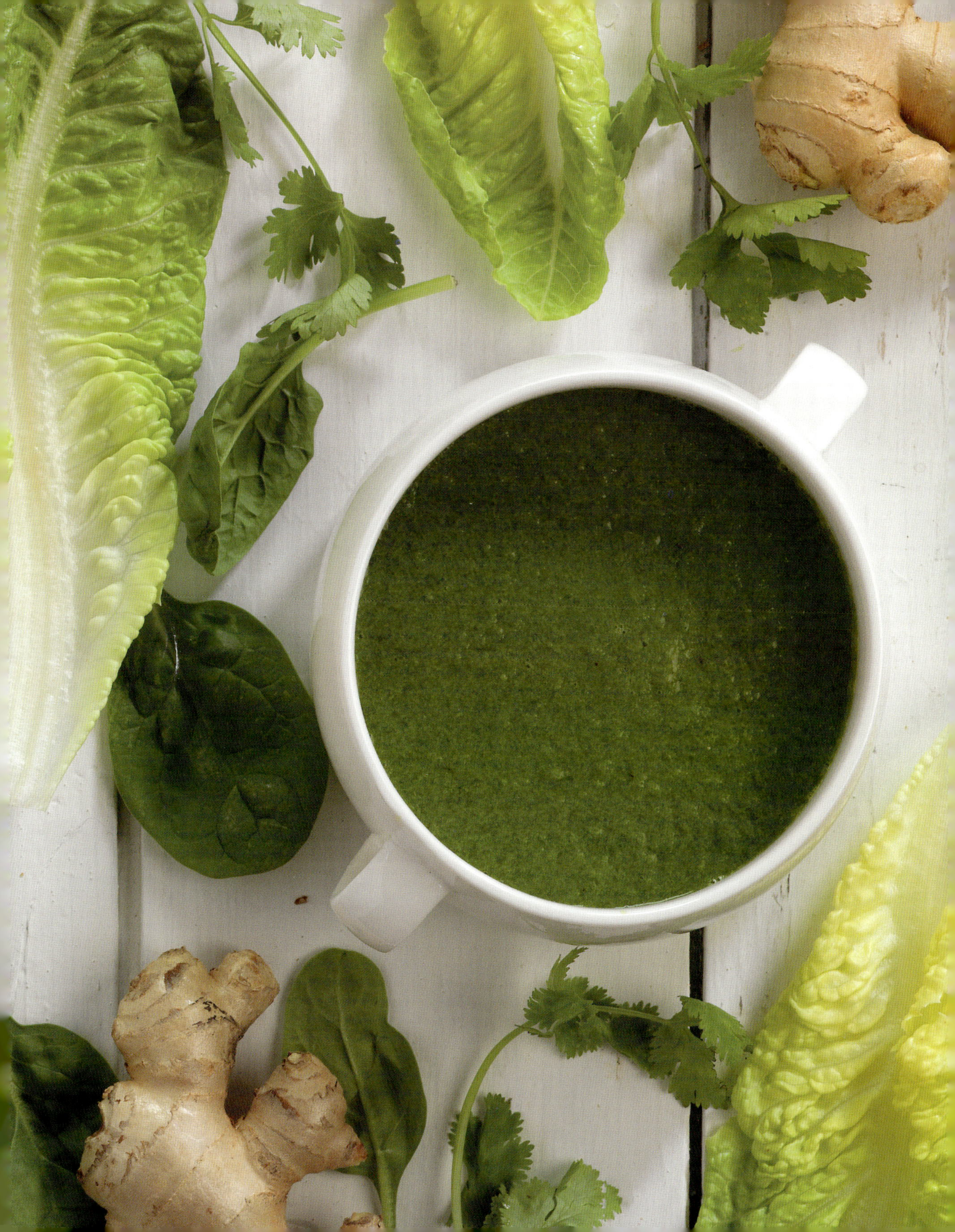

O aspargo é rico em vitamina K, que ajuda a manter os ossos saudáveis e protege contra doenças cardíacas.

SOPA DE ASPARGO COM HORTELÃ

Essa receita **leve e apetitosa** captura toda a **essência da primavera**. O sabor do aspargo é realçado com o **frescor da hortelã** e a **acidez do limão**. Suave e refrescante, é **perfeita para a tarde**. Sirva fria.

PREPARO
20 minutos

RENDIMENTO
Rende 750 ml
Porções de 500 ml

ARMAZENAMENTO
4 dias na geladeira
8 semanas no freezer

INGREDIENTES

- ¾ de col. (sopa) de azeite
- 150 g de cebola picada
- 1 dente de alho amassado
- 225 g de aspargo picado
- 45 g de espinafre baby
- ¼ de col. (chá) de raspas de limão-siciliano
- ½ col. (chá) de hortelã picada
- 375 ml de água fria
- sal

PREPARO

1. Em uma panela pequena, aqueça o azeite em fogo médio por 2 minutos. Junte a cebola e o alho; refogue por cerca de 5 minutos, até a cebola ficar translúcida. Retire do fogo.

2. Encha uma tigela média com água e cubos de gelo.

3. Leve ao fogo alto uma panela com água até a metade. Branqueie o aspargo, mergulhando na água fervente por 30 segundos. Retire do fogo, escorra e coloque rapidamente na água gelada. Reserve por 5 minutos.

4. Escorra o aspargo e transfira para o liquidificador, juntando a cebola, o alho, o espinafre, as raspas de limão, a hortelã, a água e uma pitada de sal. Bata até a sopa ficar homogênea.

CADA PORÇÃO CONTÉM

calorias	97
gorduras totais	2 g
colesterol	0 mg
sódio	405 mg
carboidratos	18 g
fibras	6 g
açúcar	8 g
proteínas	6 g

Para deixar mais nutritiva... use caldo de frango no lugar da água e cubra com 15 g de cogumelo salteado.

SOPA DE CENOURA COM AZEITE DE CEBOLINHA

O freekeh, um **grão ancestral**, dá um **toque amendoado** a essa sopa vigorosa – e também contribui com **proteínas e fibras**. Regue com um fio de **azeite de cebolinha** para uma finalização deliciosa. Sirva quente.

PREPARO
35 minutos

RENDIMENTO
Rende 750 ml
Porções de 500 ml

ARMAZENAMENTO
5 dias na geladeira
8 semanas no freezer

INGREDIENTES

- 120 ml de azeite, mais 1 col. (chá)
- 450 g de cebola picada
- 3 dentes de alho amassados
- 150 g de cenoura picada
- 250 ml de água
- 175 g de freekeh (p.15) cozido
- 115 g de cebolinha picada
- ½ col. (chá) de sal
- ½ col. (chá) de pimenta-do-reino moída na hora

PREPARO

1. Em uma panela média, aqueça 1 colher (chá) de azeite em fogo médio. Junte a cebola e o alho; refogue por 5 minutos, ou até o alho desprender seu aroma e a cebola ficar translúcida.

2. Acrescente a cenoura e a água. Espere ferver, diminua o fogo para médio-baixo e cozinhe por 15 minutos, ou até a cenoura ficar macia.

3. Transfira para o liquidificador e junte a água e o freekeh cozido. Bata por 45 segundos, ou até a sopa ficar homogênea.

4. Para o azeite de cebolinha, coloque a erva, o azeite restante, o sal e a pimenta-do-reino no liquidificador limpo. Bata até obter uma consistência homogênea.

5. Regue a sopa com um fio do azeite de cebolinha antes de servir. (A sobra do óleo pode ser congelada.)

CADA PORÇÃO CONTÉM

calorias	346
gorduras totais	8 g
colesterol	0 mg
sódio	852 mg
carboidratos	64 g
fibras	14 g
açúcar	18 g
proteínas	10 g

A cenoura é muito rica em vitamina A, que ajuda a manter os ossos fortes e o bom funcionamento do sistema imunológico.

SOPA DE
MORANGO E RUIBARBO

Doce e cremosa, essa combinação **lembra um milk-shake de morango**. Com frutas frescas, ruibarbo ácido e ricas macadâmias, fica muito **tentadora** – e igualmente nutritiva. Sirva fria.

PREPARO
1h10

RENDIMENTO
Rende 1 litro
Porções de 250 ml

ARMAZENAMENTO
4 dias na geladeira
8 semanas no freezer

INGREDIENTES

- 100 g de macadâmia sem sal
- 100 g de ruibarbo picado
- 150 g de morango cortado ao meio
- 650 ml de água
- 2 cols. (sopa) de xarope de agave
- pimenta-do-reino moída na hora

PREPARO

1. Demolhe as macadâmias em uma tigela média com água quente. Deixe hidratar por 30 minutos a 24 horas. Escorra e descarte o líquido.

2. Em uma panela pequena, ferva 150 ml de água em fogo alto. Junte o ruibarbo e cozinhe por 5 minutos, ou até ficar macio. Escorra e descarte o líquido.

3. Coloque as macadâmias, o ruibarbo, o morango, 500 ml de água, o xarope de agave e uma pitada de pimenta-do-reino no liquidificador. Bata por cerca de 45 segundos, até triturar as nozes e a mistura ficar homogênea.

4. Leve à geladeira por 30 minutos, ou até gelar. Bata rapidamente antes de servir.

CADA PORÇÃO CONTÉM

calorias	227
gorduras totais	19 g
colesterol	0 mg
sódio	2 mg
carboidratos	15 g
fibras	3 g
açúcar	11 g
proteínas	2 g

Para fazer...
Sopa de morango e ruibarbo sem oleaginosas, substitua a macadâmia por 175 ml de iogurte de coco.

O xarope de agave tende a provocar menos picos glicêmicos se comparado a outros adoçantes.

A macadâmia deixa a sopa encorpada e substanciosa, além de conferir uma dose adicional de manganês.

3
SOPAS PARA O VERÃO

Este capítulo inclui um detox para perder peso e outro para hidratar. Os sabores vibrantes dos ingredientes da estação aparecem em diversas receitas frias e cruas, que saciam e ao mesmo tempo refrescam e hidratam o corpo.

SOPA DE
BETERRABA COM ERVA-DOCE

O **sabor robusto da beterraba** é complementado com erva-doce, limão-taiti e gengibre nessa receita desintoxicante. **Simples e levemente adocicada, é rica em folato e manganês,** bem como em vitamina C. Sirva fria.

PREPARO
1h15

RENDIMENTO
Rende 1 litro
Porções de 500 ml

ARMAZENAMENTO
5 dias na geladeira
8 semanas no freezer

INGREDIENTES

- 1 beterraba média com as extremidades aparadas
- 85 g de erva-doce (bulbo e ramos) picada
- suco de 3 limões-taiti
- 2 cols. (chá) de hortelã bem picada
- 2 cols. (chá) de gengibre ralado
- 600 ml de água de coco

PREPARO

1. Preaqueça o forno a 230°C e forre uma assadeira com papel-alumínio. Coloque a beterraba, regue com o azeite e asse por 30-40 minutos, ou até ficar macia e cozida.

2. Retire do forno e, com cuidado, descasque e corte-a em cubos (deve render cerca de 200 g de beterraba assada).

3. Coloque a beterraba, a erva-doce, o suco de limão, a hortelã, o gengibre e a água de coco no liquidificador. Bata por 30 segundos.

4. Leve à geladeira por 30 minutos, ou até gelar. Antes de servir, bata rapidamente para reincorporar os ingredientes.

CADA PORÇÃO CONTÉM

calorias	119
gorduras totais	1 g
colesterol	0 mg
sódio	315 mg
carboidratos	27 g
fibras	7 g
açúcar	15 g
proteína	4 g

Para fazer...
Sopa cítrica de erva-doce com gengibre, substitua a beterraba por 350 g de gomos de laranja ou grapefruit.

Para um tônico refrescante, experimente misturar algumas colheradas da sopa com 1 copo de água alcalina (p. 35).

A pimenta-jalapeño é rica em vitamina C, que ajuda na formação de colágeno, um tecido conjuntivo importante.

SOPA DE MELÃO CANTALUPO E JALAPEÑO

Nessa receita, o **melão suculento** combinado com **jalapeño picante** e manjericão fresco resulta em uma **sopa refrescante** que reduz inflamações, **ajuda na digestão e reidrata o corpo**. Sirva fria.

PREPARO
45 minutos

RENDIMENTO
Rende 1,5 litro
Porções de 500 ml

ARMAZENAMENTO
4 dias na geladeira
8 semanas no freezer

INGREDIENTES

- 950 g de melão-cantalupo picado
- 1 col. (chá) de pimenta-jalapeño sem sementes e bem picada
- 30 g de manjericão fresco picado
- 500 ml de água
- 2 cols. (sopa) de suco de limão-taiti
- sal e pimenta-do-reino moída na hora

PREPARO

1. Coloque o melão, a jalapeño, o manjericão, a água e o suco de limão no liquidificador. Bata por 30 segundos, ou até obter uma consistência homogênea.

2. Leve à geladeira por 30 minutos. Antes de servir, tempere com sal e pimenta-do-reino a gosto e, se necessário, bata rapidamente para reincorporar os ingredientes.

A ardência... da pimenta-jalapeño pode variar; prove para ajustar a quantidade.

CADA PORÇÃO CONTÉM

calorias	111
gorduras totais	0 g
colesterol	0 mg
sódio	55 mg
carboidratos	27 g
fibras	3 g
açúcar	25 g
proteínas	3 g

A pimenta-de-caiena estimula a circulação e acelera o metabolismo.

SOPA
ROMESCO COM PIMENTÃO VERMELHO

Nessa receita com a cara do verão, **o pimentão em conserva** adocicado é equilibrado com a **acidez do vinagre de vinho tinto** e a caiena picante. **Amêndoas ricas em proteínas** dão a **textura aveludada**. Sirva quente.

PREPARO
17 minutos

RENDIMENTO
Rende 1 litro
Porções de 500 ml

ARMAZENAMENTO
5 dias na geladeira
8 semanas no freezer

INGREDIENTES

2 cols. (sopa) de azeite, mais 1 col. (chá)

225 g de cebola picada

3 dentes de alho amassados

225 g de tomate pelado

500 g de pimentão vermelho em conserva escorrido

75 g de amêndoa sem pele

2/3 de col. (chá) de pimenta-de-caiena

2 cols. (chá) de vinagre de vinho tinto

250 ml de água

sal e pimenta-do-reino moída na hora

PREPARO

1. Em uma panela média, aqueça 2 colheres (sopa) de azeite em fogo médio por 2 minutos. Junte a cebola e o alho; refogue por 5 minutos, ou até a cebola ficar translúcida.

2. Transfira para o liquidificador, junte o tomate, o pimentão, a amêndoa, a pimenta, o vinagre, a água e 1 colher (chá) de azeite.

3. Bata até a sopa ficar homogênea e bem incorporada. Tempere com uma pitada de sal e pimenta-do-reino e aqueça antes de servir.

CADA PORÇÃO CONTÉM

calorias	308
gorduras totais	14 g
colesterol	0 mg
sódio	240 mg
carboidratos	40 g
fibras	12 g
açúcar	21 g
proteínas	11 g

Para um sabor mais suave... substitua a conserva de pimentão vermelho por conserva de pimentão amarelo.

Para um sabor mais suave, substitua a abobrinha por abóbora-cheirosa.

O espinafre é ótima fonte de vitamina K, essencial para manter os ossos saudáveis.

SOPA DE ABOBRINHA COM MANJERICÃO

O **sabor delicado** e a **textura acetinada** do purê de abobrinha são acentuados pela adição de **cebola** e o toque floral do manjericão. Leve, mas satisfatória, é **perfeita para um almoço de verão**. Sirva quente.

PREPARO
25 minutos

RENDIMENTO
Rende 1,5 litro
Porções de 500 ml

ARMAZENAMENTO
5 dias na geladeira
8 semanas no freezer

INGREDIENTES

- ¾ de col. (sopa) de azeite
- 150 g de cebola picada
- 2 dentes de alho amassados
- 675 g de abobrinha picada grosseiramente
- 1,5 litro de água
- 85 g de espinafre baby
- 4 cols. (sopa) de manjericão fresco picado
- sal e pimenta-do-reino moída na hora

PREPARO

1. Em uma panela média, aqueça o azeite em fogo moderado por 2 minutos. Junte a cebola e o alho; refogue por cerca de 5 minutos, até a cebola ficar translúcida.

2. Acrescente a abobrinha e a água; espere ferver. Diminua o fogo e cozinhe por 10 minutos, ou até o legume ficar macio. Reserve 500 ml do líquido do cozimento.

3. Com cuidado, transfira o conteúdo da panela para o liquidificador. Adicione o espinafre e o manjericão. Bata até obter uma mistura homogênea, juntando a água reservada, aos poucos, até obter a consistência desejada. Tempere com uma pitada de sal e pimenta-do-reino.

CADA PORÇÃO CONTÉM

calorias	95
gorduras totais	2 g
colesterol	0 mg
sódio	133 mg
carboidratos	17 g
fibras	4 g
açúcar	10 g
proteínas	5 g

DETOX DE 5 DIAS PARA PERDER PESO

Embora fazer exercícios seja importante para perder peso, a nutrição é ainda mais crucial. Basta fazer mudanças inteligentes na alimentação para sentir os efeitos no corpo. A perseverança é o segredo para obter resultados duradouros, mas esse detox é uma ótima maneira de começar.

Siga a dieta por cinco dias. Depois, faça um detox de três dias a cada semana ou incorpore as receitas do programa ao seu cardápio diário para continuar perdendo peso.

Passe as sopas do freezer para a geladeira no máximo dois ou três dias antes de consumir. As que não podem ser congeladas devem ser preparadas um ou dois dias antes do consumo.

Lista de compras

Geladeira/Freezer
Espinafre baby (250 g)
Cenoura (12 médias)
Cebola (9 médias)
Alho-poró (3)
Aipo (7 talos)
Cebolinha (1 maço)
Pimentão vermelho (2)
Pimenta-poblano (2)
Pimenta-jalapeño (1)
Milho-verde (8 espigas)
Batata-doce (1)
Abóbora-cheirosa (1 pequena)
Pastinaca (3 médias)
Erva-doce (1 bulbo)
Melão-cantalupo (2 grandes)
Limão-taiti (8)
Salsa (1 maço)
Manjericão (60 g, picado)
Alho (38 dentes)
Gengibre fresco (2 pedaços grandes)
Capim-santo (125 g, picado)
Coentro fresco (1 maço)
Tomilho fresco (1 col. chá, bem picado)
Ervilha congelada (75 g)

Despensa
Azeite (175 ml)
Óleo de gergelim torrado (2 cols. chá)
Água (16 litros)
Óleo de coco (3 cols. sopa)
Molho tamari (6 cols. sopa)
Amêndoa crua (2 xícaras)
Nibs de cacau (6 cols. sopa)
Xarope de agave (2 cols. sopa)
Coco ralado (2 cols. sopa)
Sementes de cânhamo (8 cols. sopa)
Cominho (1 col. chá)
Sal
Pimenta-do-reino

Eventuais alternativas para ingredientes são indicadas nas respectivas receitas.

Detox de 5 dias para perder peso **67**

	PREPARO		DURANTE O DETOX	
1 SEMANA ANTES	**3 DIAS ANTES**	**1 DIA ANTES**	**SOPAS DIÁRIAS**	**REFORÇO AO DETOX**

1 SEMANA ANTES

★ Prepare o **Caldo de legumes com gergelim** (duas receitas); congele em porções de 500 ml.
RECEITA NA P. 158

★ Prepare a **Sopa de vegetais de inverno** (uma receita); congele em porções de 500 ml.
RECEITA NA P. 131

★ Elimine alimentos processados e açúcar de sua dieta. Procure consumir produtos integrais.

3 DIAS ANTES

★ Prepare a **Sopa de milho-verde e pimentão** (duas receitas); congele em porções de 500 ml.
RECEITA NA P. 76

★ Prepare a **Sopa de vegetais da primavera** (três receitas); congele em porções de 500 ml.
RECEITA NA P. 43

★ Elimine os laticínios de sua alimentação diária.

★ Procure basear as refeições em vegetais, complementando com peixe, grãos e leguminosas.

1 DIA ANTES

★ Prepare a **Sopa de melão-cantalupo e jalapeño** (duas receitas); mantenha na geladeira ou congele em porções de 500 ml.
RECEITA NA P. 61

★ Prepare a **Sopa de amêndoa com cacau** (duas receitas); mantenha na geladeira ou congele em porções de 250 ml.
RECEITA NA P. 95

★ Transfira as sopas congeladas do freezer para a geladeira, para descongelar.

★ Elimine todas as proteínas animais sólidas de sua alimentação.

★ Consuma refeições à base de vegetais, com um pouco de grãos, leguminosas e oleaginosas.

★ Beba pelo menos 8 copos de água.

SOPAS DIÁRIAS

CAFÉ DA MANHÃ
Sopa de melão-cantalupo e jalapeño (500 ml)

LANCHE
Caldo de legumes com gergelim (500 ml)

ALMOÇO
Sopa de vegetais de inverno (500 ml)

LANCHE
Sopa de milho-verde e pimentão (500 ml)

JANTAR
Sopa de vegetais da primavera (500 ml)

SOBREMESA
Sopa de amêndoa com cacau (250 ml)

ALTERNATIVAS
Sopa de melancia, babosa e hortelã (café da manhã)
RECEITA NA P. 80

Sopa de espinafre e feijão-branco (lanche)
RECEITA NA P. 42

REFORÇO AO DETOX

★ Beba 2 copos de água alcalina entre as refeições (p. 35).

★ Faça 45-60 minutos de exercícios moderados diariamente, dando preferência a treinos cardiovasculares.

A cebolinha contém potássio, que ajuda a manter o bom funcionamento dos rins.

SOPA DE MILHO-VERDE E CEBOLINHA

Esse **purê levemente adocicado** exibe o **frescor do milho-verde**, excelente fonte de fibras e auxiliar da digestão. Fresca, é perfeita para um lanche ou **almoço leve**. Sirva fria.

PREPARO
1h15

RENDIMENTO
Rende 1,5 litro
Porções de 500 ml

ARMAZENAMENTO
4 dias na geladeira
8 semanas no freezer

INGREDIENTES

2 cols. (sopa) de óleo de coco

300 g de cebola picada

2 dentes de alho amassados

6 espigas de milho-verde

1,5 litro de água

1 col. (chá) de sal

½ col. (chá) de pimenta-do-reino moída na hora

4 cols. (sopa) de cebolinha picada

PREPARO

1. Em uma panela média, aqueça o óleo de coco em fogo médio. Junte a cebola e o alho; refogue por cerca de 5 minutos, até a cebola ficar translúcida.

2. Debulhe as espigas de milho (devem render cerca de 500 g de grãos). Reserve quatro espigas debulhadas.

3. Acrescente a água, os grãos de milho e as espigas debulhadas ao refogado na panela; espere ferver. Reduza o fogo, tampe e cozinhe por 30 minutos.

4. Retire e descarte as espigas. Reserve 250 ml do líquido do cozimento. Transfira o conteúdo da panela para o liquidificador e bata por 30 segundos, ou até a sopa ficar homogênea. Se necessário, junte a água reservada para diluir. Tempere com sal e pimenta-do-reino.

5. Leve à geladeira por 30 minutos, ou até gelar. Acrescente a cebolinha imediatamente antes de servir.

CADA PORÇÃO CONTÉM

calorias	293
gorduras totais	12 g
colesterol	0 mg
sódio	799 mg
carboidratos	47 g
fibras	5 g
açúcar	17 g
proteínas	8 g

Para fazer... Sopa defumada de tomate e milho-verde, bata 400 g de tomate pelado grelhado, 2 pimentões assados e 1 colher (chá) de pimenta-chipotle defumada moída.

SOPA DE
PÊSSEGO COM MANJERICÃO

Feita com **pêssego maduro** e água de coco, essa **sopa herbácea e levemente adocicada** tem **sabor de verão**. O limão dá um toque de acidez. Se preferir mais doce, junte um pouco de **xarope de agave**. Sirva fria.

PREPARO
10 minutos

RENDIMENTO
Rede 1,5 litro
Porções de 500 ml

ARMAZENAMENTO
5 dias na geladeira
8 semanas no freezer

INGREDIENTES

5 pêssegos grandes picados
30 g de manjericão fresco picado
750 ml de água de coco
1 col. (sopa) de suco de limão-siciliano

PREPARO

1. Coloque o pêssego, o manjericão, a água de coco e o suco de limão no liquidificador. Bata por 30 segundos, ou até obter uma consistência homogênea.

2. Leve à geladeira por 30 minutos. Antes de servir, bata rapidamente para reincorporar os ingredientes.

CADA PORÇÃO CONTÉM

calorias	149
gorduras totais	1 g
colesterol	0 mg
sódio	65 mg
carboidratos	36 g
fibras	4 g
açúcar	31 g
proteínas	3 g

Para fazer... Sopa cremosa de pêssego com hortelã, exclua o suco de limão, substitua o manjericão por hortelã e junte 550 g de iogurte grego.

SOPA DE PAPAIA E ESPINAFRE

A combinação de **papaia** e **espinafre** fica ainda mais nutritiva com a adição de **espirulina**, uma alga rica em proteínas, vitaminas e antioxidantes. Limão e coentro dão um **toque herbáceo**. Sirva fria.

PREPARO
5 minutos

RENDIMENTO
Rende 1 litro
Porções de 500 ml

ARMAZENAMENTO
5 dias na geladeira
Não é recomendável congelar

INGREDIENTES

- 500 g de papaia picada
- 175 g de espinafre baby
- 15 g de coentro sem talos picado
- 2 cols. (sopa) de suco de limão-taiti
- 350 ml de água de coco
- 1½ col. (chá) de espirulina em pó

PREPARO

1. Coloque a papaia, o espinafre, o coentro, o suco de limão e a água de coco no liquidificador. Bata por 30 segundos, ou até obter uma mistura homogênea.

2. Acrescente a espirulina e bata para incorporar. Se quiser, leve à geladeira por 30 minutos antes de servir.

CADA PORÇÃO CONTÉM

calorias	158
gorduras totais	1 g
colesterol	0 mg
sódio	71 mg
carboidratos	36 g
fibras	4 g
açúcar	26 g
proteínas	3 g

SOPA DE
PEPINO COM ERVAS

Leve e saborosa, essa sopa **hidrata e refresca**. Hortelã e endro frescos acrescentam **notas herbáceas**, enquanto o suco de limão garante uma **acidez equilibrada**. Sirva fria.

PREPARO
10 minutos

RENDIMENTO
Rende 1,5 litro
Porções de 500 ml

ARMAZENAMENTO
5 dias na geladeira
8 semanas no freezer

INGREDIENTES

750 g de pepino japonês descascado e picado

750 ml de água

60 g de cebolinha picada

15 g de endro fresco picado

2 cols. (sopa) de hortelã fresca picada

suco de 2 limões-sicilianos

sal e pimenta-do-reino moída na hora

PREPARO

1 Coloque no liquidificador o pepino, a água, a cebolinha, o endro, a hortelã e o suco de limão. Bata por 30 segundos.

2 Se desejar, leve à geladeira por 30 minutos. Antes de servir, tempere com uma pitada de sal e pimenta-do-reino e, se necessário, bata rapidamente para reincorporar os ingredientes.

CADA PORÇÃO CONTÉM

calorias	47
gorduras totais	1 g
colesterol	0 mg
sódio	263 mg
carboidratos	10 g
fibras	3 g
açúcar	5 g
proteínas	2 g

Para fazer... Sopa cremosa de pepino com endro, adicione 280 g de iogurte grego e ½ colher (chá) de cominho; substitua o suco de limão-siciliano por suco de limão-taiti.

Para uma textura bem lisa, use pepino sem sementes ou remova-as antes de bater no liquidificador.

A hortelã ajuda na digestão, além de ser um estimulante natural.

SOPA DE PÊSSEGO E VEGETAIS

A **doçura do pêssego** e a **acidez do abacaxi** ganham realce com a hortelã e o gengibre nessa **receita verde e refrescante**. Cheia de **vitaminas A e C**, assim como fibras, é uma **sopa que satisfaz**. Sirva fria.

PREPARO
15 minutos

RENDIMENTO
Rende 1,2 litro
Porções de 500 ml

ARMAZENAMENTO
4 dias na geladeira
Não é recomendável congelar

INGREDIENTES

- 300 g de pepino descascado e picado
- 175 g de espinafre baby
- 175 g de pêssego picado
- 300 g de abacaxi picado
- 1 col. (sopa) de hortelã bem picada
- 1 col. (chá) de gengibre ralado
- 500 ml de água de coco

PREPARO

1. Coloque o pepino, o espinafre, o pêssego, o abacaxi, a hortelã, o gengibre e a água de coco no liquidificador. Bata por 30 segundos, ou até obter uma consistência homogênea.

2. Se quiser, leve à geladeira por 30 minutos. Bata rapidamente antes de servir.

CADA PORÇÃO CONTÉM

calorias	177
gorduras totais	1 g
colesterol	0 mg
sódio	281 mg
carboidratos	41 g
fibras	8 g
açúcar	30 g
proteínas	5 g

Se os pêssegos... ainda não estiverem na estação, use 250 g de manga picada.

SOPA DE ALCACHOFRA E MANJERICÃO

A alcachofra dá uma **textura cremosa** e fornece uma boa dose de fibras e **antioxidantes**. O manjericão e as **raspas de limão-siciliano** tornam essa fonte de nutrientes ainda mais vigorosa. Sirva quente.

PREPARO
35 minutos

RENDIMENTO
Rende 1 litro
Porções de 500 ml

ARMAZENAMENTO
4 dias na geladeira
8 semanas no freezer

INGREDIENTES

- 1 col. (sopa) de óleo de coco
- 50 g de cebola picada
- 50 g de cenoura picada
- 30 g de aipo picado
- 3 dentes de alho amassados
- 400 g de coração de alcachofra em conserva lavado e escorrido
- 750 ml de água
- 175 g de espinafre baby
- 30 g de manjericão picado
- 1 col. (sopa) de raspas de limão-siciliano
- sal e pimenta-do-reino moída na hora

PREPARO

1. Em uma panela média, aqueça o óleo de coco em fogo moderado por 2 minutos.

2. Junte a cebola, a cenoura, o aipo e o alho. Refogue por 5 minutos, ou até a cebola ficar translúcida.

3. Acrescente a alcachofra e a água. Aumente o fogo e espere ferver. Reduza a chama e cozinhe por 10 minutos. Retire e reserve 250 ml do líquido. Adicione o espinafre.

4. Transfira para o liquidificador, junte o manjericão e as raspas de limão e bata até a sopa ficar homogênea. Se necessário, acrescente a água reservada para diluir. Tempere com uma pitada de sal e pimenta-do-reino.

CADA PORÇÃO CONTÉM

calorias	192	carboidratos	30 g
gorduras totais	7 g	fibras	8 g
colesterol	0 mg	açúcar	1 g
sódio	386 mg	proteínas	9 g

SOPA DE MILHO-VERDE E PIMENTÃO

A **combinação defumada e saborosa** de milho-verde, pimentão vermelho e pimenta-poblano **lembra os chowders de milho**, sopa típica dos Estados Unidos. Cozinhar a espiga ajuda a dar sabor e consistência. Sirva quente.

PREPARO
40 minutos

RENDIMENTO
Rende 1,5 litro
Porções de 500 ml

ARMAZENAMENTO
5 dias na geladeira
8 semanas no freezer

INGREDIENTES

- 1½ col. (sopa) de azeite
- 150 g de cebola picada
- 115 g de pimentão vermelho picado
- 115 g de pimenta-poblano (p. 15) picada
- 6 dentes de alho amassados
- 4 espigas de milho-verde
- 900 ml de água
- ½ col. (chá) de cominho
- 3 cols. (sopa) de folhas de coentro picadas
- sal e pimenta-do-reino moída na hora

PREPARO

1. Em uma panela média, aqueça o azeite em fogo moderado por 2 minutos. Junte a cebola, o pimentão, a pimenta-poblano e o alho. Refogue por cerca de 5 minutos, até a cebola ficar translúcida.

2. Debulhe as espigas (devem render cerca de 500 g de grãos). Reserve duas espigas debulhadas.

3. Junte a água, os grãos de milho e as espigas reservadas ao refogado na panela. Espere ferver, abaixe o fogo, tampe e cozinhe por 15 minutos, ou até os vegetais ficarem cozidos e o caldo engrossar com o "leite" das espigas. Retire do fogo.

4. Retire e descarte as espigas. Transfira a sopa para o liquidificador. Acrescente o cominho e o coentro. Bata por 30 segundos, ou até a sopa ficar homogênea. Tempere com uma pitada de sal e pimenta-do-reino e bata rapidamente antes de servir.

CADA PORÇÃO CONTÉM

calorias	271
gorduras totais	9 g
colesterol	0 mg
sódio	152 mg
carboidratos	48 g
fibras	8 g
açúcar	14 g
proteínas	8 g

Sirva com... sementes de abóbora tostadas e fatias de avocado para obter uma sopa mais substanciosa.

O pimentão vermelho contém vitamina E, benéfica para o coração.

DETOX DE 2 DIAS PARA HIDRATAR

Manter-se hidratado é fundamental para o bom funcionamento do organismo. Embora o consumo de água seja importante, as escolhas alimentares e o estilo de vida também podem impactar de maneira significativa os níveis de hidratação do corpo. Se você estiver desidratado, essa dieta de sopas vai reequilibrá-lo.

Siga por dois dias. Descanse bastante e evite tomar diuréticos durante o detox.

Passe as sopas do freezer para a geladeira no máximo dois ou três dias antes de consumir. As que não podem ser congeladas devem ser preparadas um ou dois dias antes do consumo.

Lista de compras

Geladeira/Freezer
Aipo (6 talos)
Cenoura (2 médias)
Alho (8 dentes)
Cebola (4)
Pepino (4)
Pimentão amarelo (1)
Couve (45 g, picada)
Avocado (1)
Couve-flor (1 maço pequeno)
Tupinambo (6)
Cebolinha (1 maço)
Espinafre (175 g)
Limão-siciliano (7)
Pera (4)
Maçã (3)
Pêssego (2)
Abacaxi (300 g, picado)
Salsa (1 maço)
Manjericão fresco (30 g, picado)
Endro fresco (15 g, picado)
Hortelã (3 cols. sopa, bem picada)
Gengibre fresco (1 col. chá, ralado)

Despensa
Azeite (3 cols. sopa)
Açúcar de palma (1 col. sopa)
Água de coco (500 ml)
Água (5 litros)
Folha de louro (1)
Paus de canela (2)
Noz-moscada (1)
Pimenta-caiena (¼ de col. chá)
Sal
Pimenta-do-reino

Eventuais alternativas para ingredientes são indicadas nas respectivas receitas.

Detox de 2 dias para hidratar

PREPARO

1 SEMANA ANTES

★ Prepare o **Caldo de legumes com manjericão** (uma receita); congele em porções de 500 ml. RECEITA NA P. 179

★ Prepare a **Sopa de pera com canela** (uma receita); congele em porções de 250 ml. RECEITA NA P. 119

★ Elimine alimentos processados e açúcar de sua dieta. Procure consumir produtos integrais.

3 DIAS ANTES

★ Prepare a **Sopa de couve e pimentão** (uma receita); congele em porções de 500 ml. RECEITA NA P. 33

★ Prepare a **Sopa de tupinambo assado** (uma receita); congele em porções de 500 ml. RECEITA NA P. 136

★ Elimine os laticínios de sua alimentação diária.

★ Procure basear as refeições em vegetais, complementando com peixes, grãos e leguminosas.

1 DIA ANTES

★ Prepare a **Sopa de pepino com ervas** (uma receita); mantenha na geladeira ou congele em porções de 500 ml. RECEITA NA P. 72

★ Prepare a **Sopa de pêssego e vegetais** (uma receita); mantenha na geladeira ou congele em porções de 500 ml. RECEITA NA P. 74

★ Transfira as sopas congeladas do freezer para a geladeira para descongelar.

★ Elimine todas as proteínas animais sólidas de sua alimentação.

★ Consuma refeições à base de vegetais, com um pouco de leguminosas, grãos e oleaginosas.

★ Beba pelo menos 8 copos de água.

DURANTE O DETOX

SOPAS DIÁRIAS

CAFÉ DA MANHÃ
Sopa de pêssego e vegetais (500 ml)

LANCHE
Caldo de legumes com manjericão (500 ml)

ALMOÇO
Sopa de tupinambo assado (500 ml)

LANCHE
Sopa de pepino com ervas (500 ml)

JANTAR
Sopa de couve e pimentão (500 ml)

SOBREMESA
Sopa de pera com canela (250 ml)

ALTERNATIVAS
Sopa de avocado e rúcula (jantar)
RECEITA NA P. 29

Sopa de amêndoa com cacau (sobremesa)
RECEITA NA P. 95

REFORÇO AO DETOX

★ Beba 2 copos de água alcalina entre as refeições (p. 35).

★ Faça uma sauna a vapor por 15-20 minutos todos os dias.

★ Procure ter um sono reparador, de 7-8 horas por noite.

SOPA DE
MELANCIA, BABOSA E HORTELÃ

Essa é uma **sopa hidratante**, com o **sabor suave da melancia** e o **frescor da babosa** – uma combinação maravilhosa que **favorece a digestão** e reduz inflamações crônicas. Sirva fria.

PREPARO
10 minutos

RENDIMENTO
Rende 1 litro
Porções de 500 ml

ARMAZENAMENTO
5 dias na geladeira
Não é recomendável congelar

INGREDIENTES

500 g de melancia picada
suco de 4 limões-sicilianos pequenos
2 cols. (sopa) de hortelã picada
250 ml de suco puro de babosa*

* Pode ser encontrado com o nome de suco de Aloe Vera.

PREPARO

1. Coloque a melancia, o suco de limão, a hortelã e o suco de babosa no liquidificador. Bata por 30 segundos, ou até obter uma mistura homogênea.

2. Sirva imediatamente ou leve à geladeira. Antes de servir, bata rapidamente para reincorporar os ingredientes.

CADA PORÇÃO CONTÉM

calorias	110
gorduras totais	0 g
colesterol	0 mg
sódio	58 mg
carboidratos	29 g
fibras	2 g
açúcar	16 g
proteínas	2 g

Para aumentar as proteínas... acrescente 2 colheres (chá) de sementes de chia depois de bater a sopa. Reserve por 10 minutos, para hidratar os grãos.

> Decore com folhas de hortelã para beneficiar ainda mais a digestão.

> A vitamina C e os antioxidantes do limão-siciliano ajudam a manter o sistema imunológico saudável.

Para uma consistência mais cremosa, substitua o abacaxi por manga.

SOPA DE ABACAXI E COUVE

O **abacaxi doce e suculento** e a couve cheia de nutrientes conferem potência a esse **elixir tropical** que **refresca e satisfaz**. A **pimenta-serrano** acrescenta uma pitada picante que ajuda a **reanimar**. Sirva fria.

PREPARO
10 minutos

RENDIMENTO
Rende 1,2 litro
Porções de 500 ml

ARMAZENAMENTO
5 dias na geladeira
Não é recomendável congelar

INGREDIENTES

- 500 g de abacaxi picado
- 375 g de pepino picado
- 600 ml de água de coco
- 85 g de couve grosseiramente picada
- 45 g de folhas de coentro picadas
- 2 cols. (chá) de pimenta-serrano (p. 15) sem sementes e amassada

PREPARO

1. Coloque o abacaxi, o pepino, a água de coco, a couve, o coentro e a pimenta no liquidificador. Bata por 30 segundos, ou até obter uma consistência homogênea.

2. Sirva imediatamente ou leve à geladeira por 30 minutos. Antes de servir, bata rapidamente para reincorporar os ingredientes.

CADA PORÇÃO CONTÉM

calorias	144
gorduras totais	1 g
colesterol	0 mg
sódio	29 mg
carboidratos	35 g
fibras	4 g
açúcar	25 g
proteínas	4 g

Para testar... a ardência da pimenta-serrano (p. 15), corte-a ao meio e encoste a borda levemente na língua.

Para uma sopa menos densa, acrescente 250 ml de suco de tomate quando for adicionar a água.

O tomate é rico em biotina, uma vitamina do complexo B que ajuda a manter a pele saudável.

GASPACHO MISTO DE PIMENTÃO

Nessa deliciosa sopa crua, os **sabores do pimentão** e do **pepino**, típicos do verão, ganham realce com o **vinagre de vinho tinto** e o **azeite**. Uma **base de tomate** confere acidez e **sabor intenso**. Sirva fria.

PREPARO
20 minutos
+ 24 horas

RENDIMENTO
Rende 1 litro
Porções de 500 ml

ARMAZENAMENTO
5 dias na geladeira
8 semanas no freezer

INGREDIENTES

- 150 g de tomate picado
- 85 g de pimentão vermelho picado
- 85 g de pimentão amarelo picado
- 85 g de pimentão laranja* picado
- 150 g de pepino descascado e picado
- 35 g de cebola roxa picada
- ½ dente de alho amassado
- 175 ml de água
- 1 col. (sopa) de vinagre de vinho tinto
- 2 cols. (sopa) de azeite extravirgem
- sal

*Uma alternativa ao pimentão laranja é o pimentão amarelo.

PREPARO

1. Coloque o tomate, os três tipos de pimentão, o pepino e a cebola no processador com a lâmina de picar alimentos. Pulse até triturar, mas mantendo os ingredientes ainda com alguns pedaços. (Se necessário, trabalhe em levas.)

2. Transfira para uma tigela média de cerâmica ou vidro. Junte o alho, a água, o vinagre e o azeite. Misture bem.

3. Leve à geladeira por 24 horas, para intensificar os sabores. Tempere com uma pitada de sal antes de servir.

Acrescente...
1 colher (chá) de pimenta-serrano (p. 15) bem picada para dar um toque picante e acelerar o metabolismo.

CADA PORÇÃO CONTÉM

calorias	66	carboidratos	13 g
gorduras totais	1 g	fibras	4 g
colesterol	0 mg	açúcar	8 g
sódio	301 mg	proteína	2 g

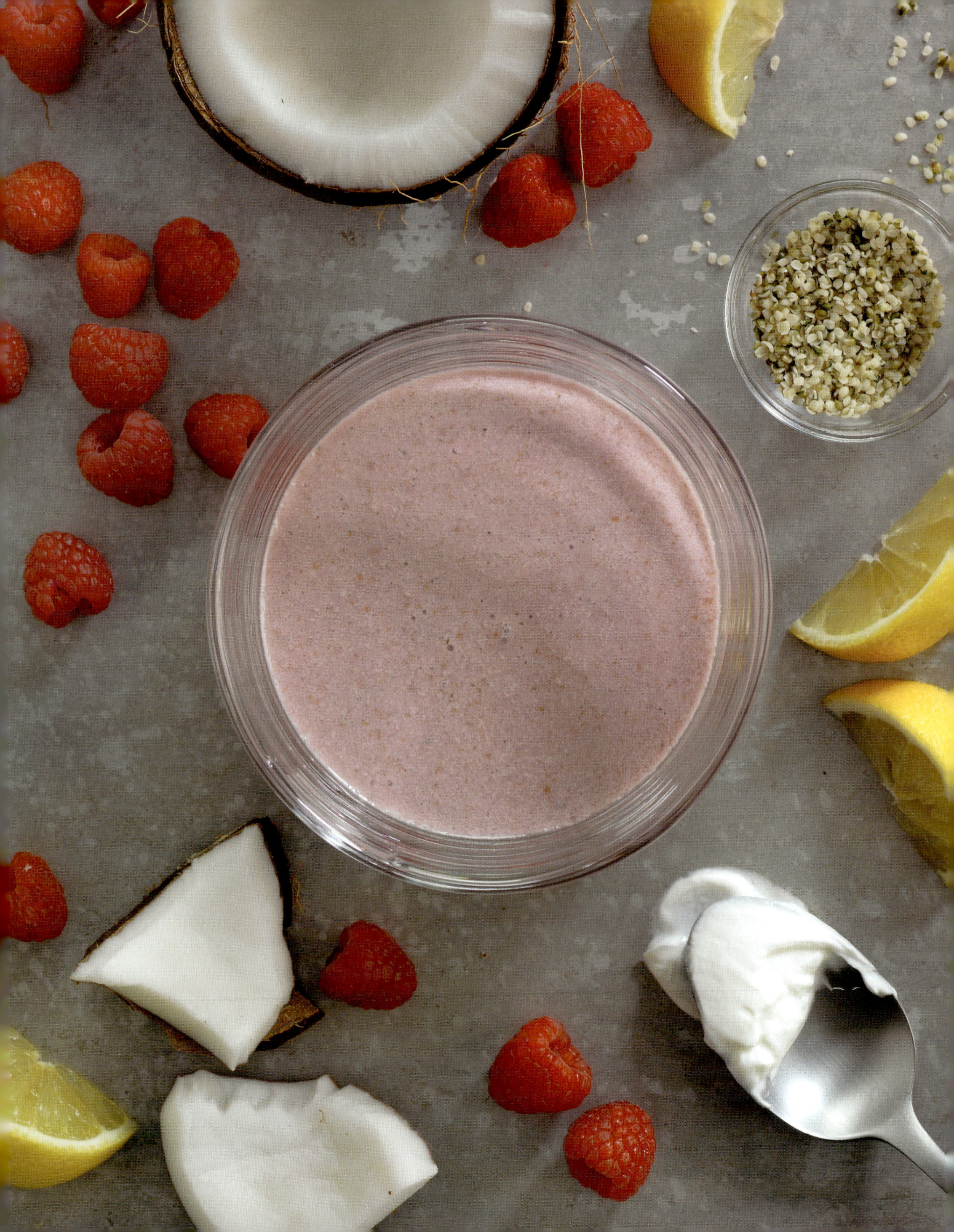

SOPA DE FRAMBOESA COM COCO

Rica em proteínas e fibras, essa sopa **azeda e cremosa** é perfeita para o lanche da manhã. **Framboesas doces** contribuem com vitamina C, e o **coco ralado** aumenta o vigor. Sirva fria.

PREPARO
35 minutos

RENDIMENTO
Rende 1 litro
Porções de 250 ml

ARMAZENAMENTO
4 dias na geladeira
8 semanas no freezer

INGREDIENTES

- 750 ml de água
- 125 g de coco ralado
- 225 g de framboesa
- 4 cols. (sopa) de sementes de cânhamo*
- 140 g de iogurte de baunilha light
- ½ col. (chá) de raspas de limão-siciliano

* Uma alternativa às sementes de cânhamo são as sementes de chia ou de linhaça.

PREPARO

1. Em uma panela em fogo alto, aqueça a água até começar a ferver. Retire do fogo.

2. Coloque a água quente e o coco ralado no liquidificador. Bata por 30 segundos, ou até obter uma consistência homogênea. (Use um aparelho potente.)

3. Leve à geladeira por 30 minutos.

4. Junte a framboesa, as sementes de cânhamo, o iogurte e as raspas de limão e bata por 30 segundos.

CADA PORÇÃO CONTÉM

calorias	253
gorduras totais	20 g
colesterol	2 mg
sódio	28 mg
carboidratos	18 g
fibras	7 g
açúcar	8 g
proteína	7 g

Para uma sopa mais leve... exclua a água e o coco ralado; bata todos os ingredientes com 1 litro de leite de coco e um pouco de extrato de baunilha.

4
SOPAS PARA O OUTONO

Neste capítulo há um programa detox para valorizar a beleza e outro que ajuda a alcalinizar o organismo. Os sabores reconfortantes da estação aparecem em receitas de textura densa e cremosa, surpreendentemente saudáveis.

Se não encontrar abóbora-cheirosa, substitua por abóbora-cabochan, para um sabor um pouco diferente.

SOPA DE ABÓBORA-CHEIROSA COM CURRY

Os **sabores picantes** do **curry**, do **gengibre** e da **pimenta-serrano** se completam nessa **receita cremosa de outono**. A **acidez do limão-taiti** equilibra a **doçura da abóbora** e a **densidade do leite de coco**. Sirva quente.

PREPARO
1 hora

RENDIMENTO
Rende 1 litro
Porções de 500 ml

ARMAZENAMENTO
5 dias na geladeira
8 semanas no freezer

INGREDIENTES

- 1 abóbora-cheirosa pequena cortada ao meio e sem sementes
- 1 col. (sopa) de azeite
- 115 g de cebola picada
- 1 dente de alho amassado
- 1 col. (chá) de pimenta-serrano (p. 15) bem picada
- 2,5 cm de gengibre amassado
- 600 ml de água
- 1 col. (chá) de curry em pó
- suco de ½ limão-taiti
- 120 ml de leite de coco light

PREPARO

1. Preaqueça o forno a 230°C e forre uma assadeira com papel-alumínio.

2. Coloque a abóbora na assadeira, com o lado cortado voltado para baixo. Asse por 40 minutos, ou até ficar macia. Retire a polpa com uma colher e pese 675 g (o restante pode ser aproveitado em outra receita).

3. Em uma panela média, aqueça o azeite em fogo moderado. Refogue a cebola, o alho, a pimenta-serrano e o gengibre por cerca de 4 minutos, até a cebola ficar translúcida e o alho desprender seu aroma.

4. Acrescente a abóbora e a água. Aumente o fogo e espere ferver. Diminua o fogo e cozinhe por 15 minutos. Retire.

5. Transfira para o liquidificador. Junte o curry, o suco de limão e o leite de coco. Bata por 45 segundos, ou até a sopa ficar homogênea.

CADA PORÇÃO CONTÉM

calorias	251	carboidratos	41 g
gorduras totais	4 g	fibras	11 g
colesterol	0 mg	açúcar	10 g
sódio	26 mg	proteínas	4 g

A couve-flor é uma usina de vitamina C e antioxidantes.

SOPA DE COUVE-FLOR TRUFADA

A **textura aveludada** da couve-flor e o **saboroso** azeite trufado deixam essa receita saudável e **tentadora**. O alho-poró acrescenta ainda mais sabor e fornece **vitamina K**, boa para o coração e os ossos. Sirva quente.

PREPARO
40 minutos

RENDIMENTO
Rende 1 litro
Porções de 500 ml

ARMAZENAMENTO
5 dias na geladeira
8 semanas no freezer

INGREDIENTES

- 1 col. (sopa) de óleo de coco
- 175 g de alho-poró cortado em rodelas
- 2 dentes de alho amassados
- 450 g de couve-flor grosseiramente picada
- 1,2 litro de água
- sal e pimenta-do-reino moída na hora
- 1 col. (chá) de azeite trufado

PREPARO

1. Em uma panela média, aqueça o óleo de coco em fogo moderado por 2 minutos. Junte o alho-poró e o alho; refogue por cerca de 5 minutos.

2. Acrescente a couve-flor e a água. Aumente o fogo e espere ferver. Reduza a chama e cozinhe por 10 minutos, ou até a couve-flor ficar macia. Retire do fogo.

3. Transfira para o liquidificador e bata por 30 segundos, ou até obter uma consistência homogênea. Tempere com uma pitada de sal e pimenta-do-reino e bata brevemente. Regue com o azeite trufado antes de servir.

CADA PORÇÃO CONTÉM

calorias	130
gorduras totais	3 g
colesterol	0 mg
sódio	78 mg
carboidratos	23 g
fibras	6 g
açúcar	7 g
proteínas	5 g

Para um sabor... mais intenso, adicione um pedaço de casca de parmesão enquanto cozinha a couve-flor. Retire antes de bater no liquidificador e finalize com cebolinha picada.

A amêndoa tem ação alcalinizante e auxilia as funções cerebrais.

O coco é rico em fósforo, que ajuda a fortalecer os dentes e os ossos.

SOPA DE AMÊNDOA COM CACAU

Essa é uma **sobremesa** repleta de **sabor amendoado e achocolatado**. Com **gorduras saudáveis** da amêndoa, das sementes de cânhamo e do coco, é uma **guloseima para comer sem culpa**. Sirva fria.

PREPARO
35 minutos

RENDIMENTO
Rende 1 litro
Porções de 250 ml

ARMAZENAMENTO
4 dias na geladeira
8 semanas no freezer

INGREDIENTES

150 g de amêndoa crua
500 ml de água
250 ml de água de coco
3 cols. (sopa) de nibs de cacau
1 col. (sopa) de xarope de agave
1 col. (sopa) de coco ralado
4 cols. (sopa) de sementes de cânhamo (p. 87)

PREPARO

1. Demolhe a amêndoa em uma tigela média com água fervente por pelo menos 30 minutos. Escorra e descarte o líquido.

2. Coloque a amêndoa e 500 ml de água no liquidificador. Bata por 30 segundos, ou até obter um leite cremoso.

3. Junte a água de coco, os nibs de cacau, o xarope de agave, o coco ralado e as sementes de cânhamo. Bata por 30 segundos, ou até dissolver os nibs de cacau e incorporar todos os ingredientes.

CADA PORÇÃO CONTÉM

calorias	299
gorduras totais	24 g
colesterol	0 mg
sódio	15 mg
carboidratos	16 g
fibras	5 g
açúcar	8 g
proteínas	11 g

Experimente... polvilhar com sementes de chia ou de linhaça e coco ralado para uma finalização amendoada e mais proteica.

SOPA DE BATATA-DOCE COM GENGIBRE

Adocicada e picante, essa receita garante saciedade com a batata-doce nutritiva, o **gengibre rejuvenescedor** e a **cúrcuma rústica**. Com altos teores de vitamina C, **aumenta a imunidade** e é perfeita para os dias mais frios. Sirva quente.

PREPARO
30 minutos

RENDIMENTO
Rende 750 ml
Porções de 500 ml

ARMAZENAMENTO
5 dias na geladeira
8 semanas no freezer

INGREDIENTES

¾ de col. (sopa) de óleo de coco

115 g de cebola picada

1½ dente de alho amassado

250 g de batata-doce picada

75 g de cenoura picada

500 ml de água

1½ col. (sopa) de leite de coco

2,5 cm de gengibre ralado

2,5 cm de raiz de cúrcuma ralada*

½ col. (sopa) de cebolinha picada

sal e pimenta-do-reino moída na hora

* Como alternativa, use 1 col. (chá) de cúrcuma em pó.

PREPARO

1. Em uma panela média, aqueça o óleo de coco em fogo moderado por 2 minutos. Refogue a cebola e o alho por cerca de 5 minutos, até a cebola ficar translúcida.

2. Junte a batata-doce, a cenoura e a água. Aumente o fogo e espere ferver. Reduza a chama e cozinhe por 10 minutos, ou até os ingredientes ficarem macios. Retire do fogo.

3. Transfira para o liquidificador. Acrescente o leite de coco, o gengibre e a cúrcuma. Bata até a sopa ficar homogênea. Adicione a cebolinha, o sal e a pimenta-do-reino; bata rapidamente antes de servir.

Acrescente... gotas de sriracha ou algumas fatias finas de pimenta-malagueta para dar um toque picante e acelerar o metabolismo.

CADA PORÇÃO CONTÉM

calorias	174
gorduras totais	4 g
colesterol	0 mg
sódio	374 mg
carboidratos	32 g
fibras	6 g
açúcar	9 g
proteínas	3 g

Se quiser, substitua a batata-doce por abóbora-cheirosa ou aumente a quantidade de cenoura.

DETOX DE 3 DIAS PARA ALCALINIZAR

O pH do organismo está diretamente relacionado com a alimentação diária. Uma dieta rica em produtos processados, carnes, laticínios e grãos aumenta a acidez e deixa o pH abaixo de 7,4, que é o nível ideal. Quando isso acontece, seu corpo fica mais suscetível ao mal-estar e doenças. Esse detox ajuda a equilibrar o estado alcalino natural do organismo.

Para obter os maiores benefícios, siga a dieta por três dias.

Passe as sopas do freezer para a geladeira no máximo dois ou três dias antes de consumir. As que não podem ser congeladas devem ser preparadas um ou dois dias antes do consumo.

Lista de compras

Geladeira/Freezer
Alho (8 dentes)
Cebola (6)
Aspargo (1 maço)
Espinafre baby (425 g)
Alface-romana (300 g)
Couve (85 g, picada)
Gengibre fresco (2,5 cm)
Milho-verde (6 espigas)
Pepino (2 médios)
Pimenta-serrano (1)
Limão-siciliano (8)
Melancia (850 g, picada)
Abacaxi (500 g, picado)
Hortelã (5 cols. sopa, picada)
Coentro fresco (1 maço)
Cebolinha (4 cols. sopa, picada)

Despensa
Azeite (3 cols. sopa)
Óleo de coco (2 cols. sopa)
Suco de babosa (1,2 litro)
Água de coco (600 ml)
Leite de coco light (4 cols. sopa)
Água (4 litros)
Castanha-de-caju sem sal (150 g)
Xarope de agave (1 col. chá)
Figo seco (40 g)
Quinoa (100 g)
Cardamomo (8-10 bagas)
Fava de baunilha (1)
Sal
Pimenta-do-reino

Eventuais alternativas para ingredientes são indicadas nas respectivas receitas.

Detox de 3 dias para alcalinizar

PREPARO

1 SEMANA ANTES

★ Prepare a **Sopa de milho-verde e cebolinha** (uma receita); congele em porções de 500 ml. RECEITA NA P. 69

★ Prepare a **Sopa de aspargo com hortelã** (duas receitas); congele em porções de 500 ml. RECEITA NA P. 51

★ Elimine alimentos processados e açúcar de sua dieta. Procure consumir produtos integrais.

3 DIAS ANTES

★ Prepare a **Sopa de verduras com gengibre** (duas receitas); congele em porções de 500 ml. RECEITA NA P. 48

★ Prepare a **Sopa de abacaxi e couve** (uma receita); congele em porções de 500 ml. RECEITA NA P. 83

★ Elimine os laticínios de sua alimentação diária.

★ Procure basear as refeições em vegetais, complementando com peixe, grãos e leguminosas.

★ Beba pelo menos 8 copos de água.

1 DIA ANTES

★ Prepare a **Sopa de melancia, babosa e hortelã** (duas receitas); mantenha na geladeira ou congele em porções de 500 ml. RECEITA NA P. 80

★ Prepare a **Sopa de figo e cardamomo** (uma receita); mantenha na geladeira ou congele em porções de 250 ml. RECEITA NA P. 126

★ Transfira as sopas congeladas do freezer para a geladeira para descongelar.

★ Elimine todas as proteínas animais sólidas de sua alimentação.

★ Consuma refeições à base de vegetais com um pouco de leguminosas, grãos e oleaginosas.

★ Beba pelo menos 8 copos de água.

DURANTE O DETOX

SOPAS DIÁRIAS

CAFÉ DA MANHÃ
Sopa de melancia, babosa e hortelã (500 ml)

LANCHE
Sopa de milho-verde e cebolinha (500 ml)

ALMOÇO
Sopa de verduras com gengibre (500 ml)

LANCHE
Sopa de abacaxi e couve (500 ml)

JANTAR
Sopa de aspargo com hortelã (500 ml)

SOBREMESA
Sopa de figo e cardamomo (250 ml)

ALTERNATIVAS
Sopa de manga com limão-taiti (café da manhã)
RECEITA NA P. 27

Sopa de cenoura e erva-doce (jantar)
RECEITA NA P. 146

REFORÇO AO DETOX

★ Beba 2 copos de água alcalina entre as refeições (p. 35).

★ Faça 30-60 minutos de exercícios leves a moderados diariamente. Dê preferência à ioga ou a outras atividades que também trabalhem a mente, pois o estresse favorece o aumento da acidez do organismo.

SOPA DE MAÇÃ E AMARANTO

Doce e cremosa, é a receita perfeita para uma manhã fria de outono. Rico em **proteínas,** o amaranto forma uma base que sacia, enquanto a canela dá o **toque picante.** Sirva quente.

PREPARO
25 minutos

RENDIMENTO
Rende 1,2 litro
Porções de 500 ml

ARMAZENAMENTO
5 dias na geladeira
8 semanas no freezer

INGREDIENTES

400 g de maçã descascada e picada
1 litro de água
3 paus de canela
125 g de amaranto cozido

PREPARO

1. Em uma panela média, junte a maçã, a água e a canela. Leve ao fogo alto até ferver. Reduza a chama, tampe e cozinhe por 20 minutos, até a maçã ficar macia.

2. Retire os paus de canela e transfira os ingredientes para o liquidificador. Acrescente o amaranto e bata até a sopa ficar homogênea. Se necessário, junte água para diluir.

CADA PORÇÃO CONTÉM

calorias	168
gorduras totais	1 g
colesterol	0 mg
sódio	4 mg
carboidratos	40 g
fibras	4 g
açúcar	22 g
proteínas	3 g

Para finalizar...
e deixar a receita ainda mais tentadora, polvilhe com nozes tostadas e regue com um fio de mel ou de maple syrup.

Rico em fibras, o amaranto é uma excelente fonte de proteínas.

SOPA DE FEIJÃO-PRETO PICANTE

Repleto de proteínas, o feijão-preto é a base dessa **sopa vigorosa**, temperada com **alho** e **cominho**. A pimenta-poblano e os **três tipos de pimenta vermelha** em pó intensificam o sabor com um toque picante. Sirva quente.

PREPARO
50 minutos

RENDIMENTO
Rende 1 litro
Porções de 500 ml

ARMAZENAMENTO
5 dias na geladeira
8 semanas no freezer

INGREDIENTES

2 cols. (sopa) de azeite
50 g de cebola picada
50 g de cenoura picada
30 g de aipo picado
85 g de pimenta-poblano (p. 15) picada
3 dentes de alho amassados
1 col. (sopa) de purê de tomate
400 g de tomate pelado picado
400 g de feijão-preto cozido e escorrido
1 col. (chá) de pimenta de árbol ou pimenta-de-caiena em pó
1 col. (sopa) de pimenta-ancho* (opcional)
½ col. (sopa) de pimenta vermelha em pó
1 col. (sopa) de cominho em pó
½ col. (chá) de sal
1,5 litro de água
suco de 1 limão-taiti
2 cols. (sopa) de coentro bem picado

* A pimenta-ancho pode ser substituída pela mesma quantidade de pimentão verde.

PREPARO

1 Em uma panela, aqueça o azeite em fogo médio. Junte a cebola, a cenoura, o aipo, a pimenta-poblano e o alho. Refogue por cerca de 5 minutos, até a cebola ficar translúcida. Acrescente o purê de tomate e misture. Refogue por mais 5 minutos.

2 Adicione o tomate (com o líquido da lata), o feijão-preto, os três tipos de pimenta em pó, o cominho, o sal e a água. Aumente o fogo e espere ferver. Reduza a chama e cozinhe por 20 minutos, ou até reduzir um pouco e os vegetais ficarem macios.

3 Com cuidado, transfira os ingredientes para o liquidificador; junte o suco de limão e o coentro. Bata por cerca de 45 segundos, até obter uma consistência homogênea.

CADA PORÇÃO CONTÉM

calorias	262
gorduras totais	4 g
colesterol	0 mg
sódio	1.727 mg
carboidratos	48 g
fibras	21 g
açúcar	7 g
proteínas	15 g

SOPA DE ABÓBORA E CRANBERRY

Doce e saborosa, essa receita com **abóbora assada** garante saciedade, e a acidez da **cranberry** é acentuada pelos **sabores outonais** do **gengibre**, do **alecrim** e do **maple syrup**. Sirva quente.

PREPARO
50 minutos

RENDIMENTO
Rende 1 litro
Porções de 500 ml

ARMAZENAMENTO
5 dias na geladeira
8 semanas no freezer

INGREDIENTES

- 2 abóboras-cabochan cortadas ao meio e sem sementes
- 2 cols. (sopa) de azeite
- 225 g de cebola picada
- 1½ dente de alho amassado
- 2 paus de canela
- 1,2 litro de água
- 100 g de cranberry
- 2 cols. (sopa) de maple syrup
- 2 cols. (chá) de gengibre ralado
- 1 col. (chá) de alecrim fresco bem picado
- sal e pimenta-do-reino moída na hora

PREPARO

1. Preaqueça o forno a 220°C e forre uma assadeira com papel-alumínio. Coloque a abóbora na assadeira, com o lado cortado voltado para baixo. Asse por 15 minutos. Retire a polpa e pese 500 g (o restante pode ser usado em outras receitas).

2. Em uma panela média, aqueça o azeite em fogo moderado por 2 minutos. Junte a cebola e o alho; refogue por cerca de 5 minutos, até a cebola ficar translúcida.

3. Acrescente a água, a abóbora e a canela. Aumente o fogo e espere ferver. Reduza a chama, tampe e cozinhe por 20 minutos. Adicione a cranberry e cozinhe por 5 minutos. Retire do fogo.

4. Remova os paus de canela e bata a sopa no liquidificador, até ficar homogênea. Junte o maple syrup, o gengibre e o alecrim; bata levemente. Antes de servir, tempere com uma pitada de sal e pimenta-do-reino.

CADA PORÇÃO CONTÉM

calorias	262
gorduras totais	2 g
colesterol	0 mg
sódio	308 mg
carboidratos	63 g
fibras	9 g
açúcar	20 g
proteínas	4 g

SOPA DE ERVA-DOCE E TOMATE

Encorpada e saborosa, essa receita combina **tomate** com erva-doce aromática e **cenoura adocicada** para uma **refeição substanciosa e reconfortante**, boa para o almoço ou o jantar. Sirva quente.

PREPARO
40 minutos

RENDIMENTO
Rende 750 ml
Porções de 500 ml

ARMAZENAMENTO
5 dias na geladeira
8 semanas no freezer

INGREDIENTES

- 1 col. (sopa) de azeite
- 115 g de cebola picada
- 2 dentes de alho amassados
- 175 g de erva-doce picada
- ¼ de col. (chá) de sementes de erva-doce
- 50 g de cenoura picada
- 400 g de tomate picado
- 500 ml de água
- sal e pimenta-do-reino moída na hora

PREPARO

1. Em uma panela média, aqueça o azeite em fogo moderado. Junte a cebola e o alho; refogue por cerca de 4 minutos, até a cebola ficar translúcida e o alho desprender seu aroma.

2. Acrescente a erva-doce picada, as sementes e a cenoura; cozinhe por cerca de 2 minutos, até sentir o aroma da erva-doce.

3. Adicione o tomate e a água. Aumente o fogo e espere ferver. Reduza a chama e cozinhe por 20 minutos

4. Com cuidado, transfira a sopa para o liquidificador. Bata por cerca de 30 segundos, até ficar homogênea. Prove e tempere com sal e pimenta-do-reino; bata levemente para incorporar.

CADA PORÇÃO CONTÉM

calorias	167
gorduras totais	8 g
colesterol	9 mg
sódio	360 mg
carboidratos	17 g
fibras	6 g
açúcar	9 g
proteínas	4 g

Para um sabor mais sutil, exclua as sementes de erva-doce.

SOPA DE PASTINACA E MAÇÃ

A pastinaca rústica e **levemente adocicada** combina perfeitamente com a **acidez da maçã** nessa receita **cremosa e reconfortante**. A **baunilha** e a **canela** acrescentam **aroma e sabor**. Sirva quente.

PREPARO
35 minutos

RENDIMENTO
Rende 1 litro
Porções de 250 ml

ARMAZENAMENTO
5 dias na geladeira
8 semanas no freezer

INGREDIENTES

1 col. (sopa) de óleo de coco
115 g de cebola picada
225 g de pastinaca* descascada e picada
1 pau de canela
350 g de maçã verde descascada e picada
1 litro de água
¾ de col. (sopa) de extrato de baunilha ou sementes de 1 fava de baunilha
⅛ de col. (chá) de sal

* Pode ser substituída por mandioquinha.

PREPARO

1. Em uma panela média, aqueça o óleo de coco em fogo moderado por 2 minutos. Junte a cebola e refogue por cerca de 5 minutos, até ficar translúcida.

2. Acrescente a pastinaca e a água. Espere ferver, reduza a chama e cozinhe por 5 minutos.

3. Adicione a canela e a maçã. Deixe ferver e cozinhe por cerca de 10 minutos em fogo baixo, até os ingredientes ficarem macios.

4. Retire e descarte o pau de canela. Com cuidado, transfira a sopa para o liquidificador. Junte a baunilha e bata por cerca de 30 segundos, até obter uma consistência homogênea. Tempere com uma pitada de sal.

CADA PORÇÃO CONTÉM	
calorias	204
gorduras totais	2 g
colesterol	0 mg
sódio	158 mg
carboidratos	45 g
fibras	8 g
açúcar	25 g
proteínas	2 g

SOPA DE BANANA COM NOZES

Rica em melatonina, que favorece o sono, essa sopa é perfeita para um **lanchinho antes de dormir**. As **nozes**, boas para o coração, e as **sementes de linhaça** dão textura e fornecem **ômega-3**. Sirva fria.

PREPARO
12 horas

RENDIMENTO
Rende 1 litro
Porções de 250 ml

ARMAZENAMENTO
5 dias na geladeira
não é recomendável congelar

INGREDIENTES

- 750 ml de água
- 115 g de nozes
- 1 pau de canela
- 2 bananas em pedaços grandes
- ½ col. (chá) de extrato de baunilha ou sementes de ½ fava de baunilha
- 2 cols. (chá) de sementes de linhaça moídas

PREPARO

1. Ferva a água em fogo alto. Coloque as nozes e a canela em uma vasilha refratária e cubra com a água. Deixe esfriar e mantenha na geladeira de um dia para o outro.

2. Retire a canela e transfira as nozes e a água para o liquidificador. Junte a banana, a baunilha e a semente de linhaça. Bata por cerca de 30 segundos, até a sopa ficar homogênea.

CADA PORÇÃO CONTÉM

calorias	273
gorduras totais	21 g
colesterol	0 mg
sódio	2 mg
carboidratos	20 g
fibras	4 g
açúcar	10 g
proteínas	6 g

Para um sabor mais intenso... substitua as nozes por avelãs, ou use macadâmia, para deixar a sopa mais cremosa.

A cebolinha é boa fonte de ácido fólico.

A maçã é rica em vitamina C e contém muitas fibras.

SOPA DE MAÇÃ E AIPO-RÁBANO

O humilde aipo-rábano ganha outro status quando combinado a **maçãs fresquinhas** e **cebolas saborosas** nessa receita **aveludada e deliciosa**. Suave e calmante, é uma refeição que reconforta no outono. Sirva quente.

PREPARO
30 minutos

RENDIMENTO
Rende 500 ml
Porções de 500 ml

ARMAZENAMENTO
5 dias na geladeira
8 semanas no freezer

INGREDIENTES

1 col. (chá) de óleo de coco
75 g de cebola picada
½ dente de alho amassado
100 g de maçã descascada e picada
150 g de aipo-rábano* descascado e picado
500 ml de água
sal
2 cols. (sopa) de cebolinha picada

* Como alternativa ao aipo-rábano, use mandioca ou inhame, na mesma quantidade.

PREPARO

1. Em uma panela média, aqueça o óleo de coco em fogo moderado por 2 minutos. Junte a cebola e o alho; refogue por cerca de 5 minutos, até a cebola ficar translúcida.

2. Acrescente a maçã, o aipo-rábano, a água e uma pitada de sal. Aumente o fogo e espere ferver. Reduza a chama e cozinhe por 12 minutos, até os ingredientes ficarem macios. Retire do fogo.

3. Transfira para o liquidificador e bata por cerca de 30 segundos, até a sopa ficar homogênea. Antes de servir, polvilhe com a cebolinha.

CADA PORÇÃO CONTÉM

calorias	255
gorduras totais	5 g
colesterol	0 mg
sódio	460 mg
carboidratos	53 g
fibras	9 g
açúcar	29 g
proteínas	4 g

Para fazer...
Sopa picante de maçã e aipo-rábano, adicione 1 colher (chá) de pimenta-serrano (p. 15) picada, 1 colher (chá) de gengibre ralado e uma espremida de suco de limão-taiti. Dispense a cebolinha.

DETOX DE 3 DIAS PARA MELHORAR A APARÊNCIA

A alimentação tem um papel fundamental na sua aparência e na forma como você se sente. Uma alimentação rica em produtos processados, açúcar, carboidratos refinados e pouca água pode resultar em pele opaca, cabelo seco e unhas quebradiças. Sopas hidratantes e nutritivas ajudam a corrigir esses problemas e dão um realce na aparência.

Siga por três dias para nutrir a pele, os cabelos e as unhas. Um dia de detox já faz diferença no organismo.

Passe as sopas do freezer para a geladeira no máximo dois ou três dias antes de consumir. As que não podem ser congeladas devem ser preparadas um ou dois dias antes do consumo.

Lista de compras

Geladeira/Freezer
Cebola (6)
Cenoura (10 médias)
Aipo (3 talos)
Ruibarbo (60 g, picado)
Alho (12 dentes)
Avocado (1)
Erva-doce (2 bulbos)
Pepino (2)
Alface-romana (150 g, picada)
Rúcula (175 g)
Limão-siciliano (1)
Pêssego (5)
Morango (300 g)
Salsa (1 maço)
Manjericão fresco (45 g, picado)
Coentro fresco (30 g, picado)
Tomilho fresco (1 col. chá, picado)
Gengibre fresco (4 cols. sopa, ralado)
Osso bovino (2 kg)

Despensa
Azeite (7 cols. sopa)
Óleo de coco (4 cols. sopa)
Vinagre de maçã (2 cols. sopa)
Vinagre de vinho tinto (3 cols. sopa)
Tomate grelhado picado
Pimentão vermelho em conserva (1 kg)
Grão-de-bico em lata (165 g)
Purê de tomate (3 cols. sopa)
Macadâmia (115 g)
Mel (4 cols. sopa)
Xarope de agave (2 cols. sopa)
Água de coco (750 ml)
Água (9 litros)
Folha de louro (1)
Pimenta vermelha em flocos (½ col. chá)
Sal
Pimenta-do-reino

Eventuais alternativas para ingredientes são indicadas nas respectivas receitas.

Detox de 3 dias para melhorar a aparência

PREPARO			DURANTE O DETOX	
1 SEMANA ANTES	**3 DIAS ANTES**	**1 DIA ANTES**	**SOPAS DIÁRIAS**	**REFORÇO AO DETOX**
★ Prepare o **Caldo de ossos bovinos com gengibre** (uma receita); congele em porções de 500 ml. RECEITA NA P. 166	★ Prepare a **Sopa de pêssego com manjericão** (uma receita); congele em porções de 500 ml. RECEITA NA P. 70	★ Prepare a **Sopa de avocado e rúcula** (duas receitas); mantenha na geladeira ou congele em porções de 500 ml. RECEITA NA P. 29	**CAFÉ DA MANHÃ** Sopa de pêssego com manjericão (500 ml) **LANCHE** Caldo de ossos bovinos com gengibre (500 ml) **ALMOÇO** Sopa de avocado e rúcula (500 ml) **LANCHE** Sopa de cenoura e erva-doce (500 ml) **JANTAR** Sopa de grão-de-bico com pimentão (500 ml) **SOBREMESA** Sopa de morango e ruibarbo (250 ml) **ALTERNATIVAS** Gaspacho de kiwi e couve (almoço) RECEITA NA P. 36 Sopa de verduras detox (jantar) RECEITA NA P. 116	★ Beba 2 copos de água alcalina entre as refeições (p. 35). ★ Faça 30-60 minutos de exercícios leves a moderados diariamente – de preferência hot ioga, para ajudar na desintoxicação.
★ Prepare a **Sopa de grão-de-bico com pimentão** (duas receitas); congele em porções de 500 ml. RECEITA NA P. 138	★ Prepare a **Sopa de cenoura e erva-doce** (duas receitas); congele em porções de 500 ml. RECEITA NA P. 146	★ Prepare a **Sopa de morango e ruibarbo** (uma receita); mantenha na geladeira ou congele em porções de 250 ml. RECEITA NA P. 54		
★ Elimine alimentos processados e açúcar de sua dieta. Procure consumir produtos integrais.	★ Elimine os laticínios de sua alimentação diária. ★ Procure basear as refeições em vegetais, complementando com peixe, grãos e leguminosas.	★ Transfira as sopas congeladas do freezer para a geladeira, para descongelar. ★ Elimine todas as proteínas animais sólidas de sua alimentação. ★ Consuma refeições à base de vegetais, com um pouco de leguminosas, grãos e oleaginosas. ★ Beba pelo menos 8 copos de água.		

O aipo contém vitamina C, com propriedades antioxidantes excelentes.

A lentilha é rica em fibras e cobre, importante para a saúde dos ossos e dos tecidos.

SOPA DE LENTILHA

Essa receita é **simples, mas satisfaz plenamente** e acentua os sabores dos ingredientes. **Lentilha, cenoura** e **alho-poró** resultam em uma **sopa rústica** que sustenta. Sirva quente.

PREPARO
40 minutos

RENDIMENTO
Rende 1 litro
Porções de 500 ml

ARMAZENAMENTO
5 dias na geladeira
8 semanas no freezer

INGREDIENTES

- 1 col. (sopa) de azeite
- 115 g de alho-poró fatiado
- 150 g de cenoura picada
- 225 g de aipo picado
- 4 a 5 dentes de alho amassados
- 200 g de lentilha puy*
- 1,5 litro de água
- sal e pimenta-do-reino moída na hora

* A lentilha puy pode ser substituída por outro tipo de lentilha.

PREPARO

1. Em uma panela média, aqueça o azeite em fogo moderado por 2 minutos. Junte o alho-poró, a cenoura, o aipo e o alho; refogue por cerca de 5 minutos, até o alho-poró ficar translúcido.

2. Acrescente a lentilha e a água. Aumente o fogo e espere ferver. Reduza a chama, tampe e cozinhe por 20 minutos, ou até a lentilha ficar macia. Tempere com uma pitada de sal e pimenta-do-reino.

CADA PORÇÃO CONTÉM

calorias	420
gorduras totais	3 g
colesterol	0 mg
sódio	390 mg
carboidratos	77 g
fibras	14 g
açúcar	7 g
proteínas	26 g

Para obter... ainda mais nutrientes, substitua a água por caldo de ossos bovinos (p.166) e finalize com um toque de cúrcuma fresca ralada.

SOPA DE
GRAPEFRUIT E ERVA-DOCE

Essa mistura **refrescante e herbácea** traz o **sabor ácido e penetrante** do grapefruit com a **erva-doce rústica e levemente adocicada**. O espinafre acrescenta uma **nota vegetal** e confere **benefícios antioxidantes**. Sirva fria.

PREPARO
15 minutos

RENDIMENTO
Rende 1 litro
Porções de 500 ml

ARMAZENAMENTO
5 dias na geladeira
8 semanas no freezer

INGREDIENTES

500 ml de suco de grapefruit espremido na hora (cerca de 6 frutas)

250 ml de água de coco

100 g de erva-doce (bulbo e ramos) picada

85 g de espinafre baby

2 cols. (chá) de xarope de agave

PREPARO

1. Coloque o suco de grapefruit, a água de coco, a erva-doce, o espinafre e o xarope de agave no liquidificador. Bata até obter uma consistência homogênea e ficar completamente incorporada à erva-doce.

2. Se quiser, leve à geladeira por 30 minutos. Antes de servir, bata rapidamente para reincorporar os ingredientes.

CADA PORÇÃO CONTÉM

calorias	192
gorduras totais	2 g
colesterol	0 mg
sódio	162 mg
carboidratos	40 g
fibras	6 g
açúcar	8 g
proteínas	4 g

Se preferir... troque o suco de grapefruit por suco de laranja, que proporciona benefícios semelhantes e apenas um pouco mais de açúcar.

O grapefruit é rico em vitamina C e licopeno, que tem grande poder antioxidante.

SOPA DE
VERDURAS DETOX

Cenoura, cebola e aipo suavizam o amargor da **couve e do espinafre** nessa sopa **verde desintoxicante**. O sabor fica mais intenso com a adição de **suco de limão-siciliano** e uma pitada de pimenta vermelha em flocos. Sirva quente.

PREPARO
40 minutos

RENDIMENTO
Rende 1 litro
Porções de 500 ml

ARMAZENAMENTO
5 dias na geladeira
8 semanas no freezer

INGREDIENTES

2 cols. (sopa) de óleo de coco

225 g de cebola picada

225 g de cenoura picada

150 g de aipo picado

2 dentes de alho amassado

1,2 litro de água

140 g de couve sem talos e grosseiramente picada

350 g de espinafre baby

½ col. (chá) de pimenta vermelha em flocos

2 cols. (sopa) de suco de limão-siciliano

½ col. (chá) de sal

PREPARO

1. Em uma panela média, aqueça o óleo de coco em fogo moderado por 2 minutos. Junte a cebola, a cenoura, o aipo e o alho; refogue por cerca de 5 minutos, até a cebola ficar translúcida.

2. Acrescente a água, aumente o fogo e espere ferver. Reduza a chama e cozinhe por 20 minutos, ou até os ingredientes ficarem macios. Retire do fogo e adicione a couve, o espinafre, a pimenta, o suco de limão e o sal.

3. Transfira a sopa para o liquidificador e bata com cuidado, até ficar homogênea. Se necessário, acrescente água para diluir.

Para uma sopa... mais substanciosa, junte 60 g de quinoa cozida ou 100 g de feijão-branco antes de bater.

CADA PORÇÃO CONTÉM

calorias	146
gorduras totais	2 g
colesterol	0 mg
sódio	476 mg
carboidratos	30 g
fibras	8 g
açúcar	12 g
proteínas	5 g

As vitaminas e os minerais das verduras escuras contribuem para a circulação sanguínea, purificam o sangue e aumentam a imunidade.

A pera é rica em fibras e cobre, que tem papel importante na produção de energia.

SOPA DE PERA COM CANELA

Nessa **sopa reconfortante**, o sabor sutil e adocicado da fruta sobressai quando é combinado com **maçãs suculentas** e temperado com **canela e noz-moscada** ralada na hora. Sirva quente.

PREPARO
20 minutos

RENDIMENTO
Rende 1 litro
Porções de 500 ml

ARMAZENAMENTO
4 dias na geladeira
8 semanas no freezer

INGREDIENTES

4 peras descascadas e picadas
2 maçãs descascadas e picadas
2 paus de canela
500 ml de água
1 col. (sopa) de açúcar de palma*
¼ de col. (chá) de noz-moscada ralada na hora

* Uma alternativa ao açúcar de palma é o açúcar de coco.

PREPARO

1. Em uma panela média, misture a pera, a maçã, a canela e a água. Leve ao fogo e deixe ferver. Reduza a chama e cozinhe por 10 minutos, ou até as frutas ficarem macias.

2. Retire os paus de canela e transfira os ingredientes para o liquidificador. Junte o açúcar e a noz-moscada. Bata até obter uma mistura homogênea. Prove e acerte o açúcar de acordo com a doçura das frutas.

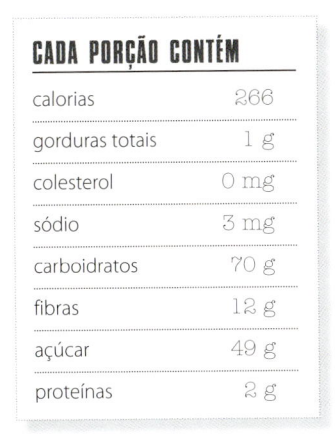

CADA PORÇÃO CONTÉM

calorias	266
gorduras totais	1 g
colesterol	0 mg
sódio	3 mg
carboidratos	70 g
fibras	12 g
açúcar	49 g
proteínas	2 g

Para fazer...
Sopa cremosa de pera com baunilha, adicione 75 g de iogurte grego de baunilha antes de servir.

SOPA DE CAPIM-SANTO PICANTE

Essa receita **aromática e calmante** contém capim-santo e **gengibre**, para ajudar na digestão, e acelga-chinesa, que **reduz inflamações**. A pasta de pimenta garante o **toque picante** e **acelera o metabolismo**. Sirva quente.

PREPARO
40 minutos

RENDIMENTO
Rende 1 litro
Porções de 500 ml

ARMAZENAMENTO
5 dias na geladeira
8 semanas no freezer

INGREDIENTES

- ¾ de col. (sopa) de óleo de coco
- 150 g de cebola picada
- 2 talos de capim-santo cortados em pedaços
- 1½ dente de alho amassado
- 115 g de cenoura cortada em rodelas
- 12,5 cm de gengibre fresco e picado
- 1 col. (sopa) de pasta de pimenta
- 1,2 litro de água
- 140 g de acelga-chinesa grosseiramente picada
- 2 cols. (sopa) de cebolinha picada
- 2 cols. (sopa) de folhas de coentro bem picadas
- suco de 1 limão-taiti
- ½ col. (chá) de sal

PREPARO

1. Em uma panela média, aqueça o óleo de coco em fogo moderado por 2 minutos. Junte a cebola, o capim-santo, o alho, a cenoura e o gengibre. Cozinhe por 5 minutos, ou até a cebola ficar translúcida e o alho desprender seu aroma.

2. Acrescente a pasta de pimenta; cozinhe por mais 2 minutos, mexendo para incorporar.

3. Adicione a água. Aumente o fogo e espere ferver. Reduza a chama, tampe e cozinhe por 20 minutos.

4. Com uma peneira ou escumadeira, remova o capim-santo e o gengibre. Junte a acelga-chinesa e cozinhe por 3 minutos, ou até ficar macia.

5. Retire do fogo. Acrescente a cebolinha, o coentro, o suco de limão e o sal.

CADA PORÇÃO CONTÉM

calorias	121	carboidratos	24 g
gorduras totais	2 g	fibras	7 g
colesterol	0 g	açúcar	8 g
sódio	112 mg	proteínas	5 g

SOPA DE ERVILHA SECA COM COUVE

Cremosa e **muito nutritiva**, essa sopa de ervilha **salpicada de couve** garante uma boa refeição para um dia frio. **Cheia de proteínas** e fibras, é a **comfort food** por excelência. Sirva quente.

PREPARO
40 minutos

RENDIMENTO
Rende 1 litro
Porções de 500 ml

ARMAZENAMENTO
4 dias na geladeira
8 semanas no freezer

INGREDIENTES

- ¾ de col. (sopa) de azeite
- 75 g de cenoura picada
- 50 g de aipo picado
- 75 g de cebola picada
- 3 dentes de alho amassados
- 1,2 litro de água
- 200 g de ervilha seca (crua)
- 30 g de couve sem talos picada
- 1 col. (chá) de sal
- pimenta-do-reino moída na hora

PREPARO

1 Em uma panela média, aqueça o azeite em fogo moderado por 2 minutos. Junte a cenoura, o aipo, a cebola e o alho; refogue por 5 minutos, ou até a cebola ficar translúcida.

2 Acrescente a água e a ervilha. Aumente o fogo e espere ferver. Reduza a chama, tampe e cozinhe por 25 minutos, ou até a ervilha ficar bem macia.

3 Adicione a couve e cozinhe por cerca de 3 minutos, até murchar. Tempere com sal e uma pitada de pimenta-do-reino. Se quiser, bata com um mixer até a sopa ficar homogênea.

CADA PORÇÃO CONTÉM

calorias	184
gorduras totais	4 g
colesterol	0 mg
sódio	1.428 mg
carboidratos	30 g
fibras	10 g
açúcar	6 g
proteínas	10 g

5
SOPAS PARA O INVERNO

Este capítulo traz um detox para purificar e outro para aumentar a imunidade e ajudar a proteger do frio. Nessas receitas mais vigorosas, as estrelas são as raízes, que saciam e colaboram para manter a energia durante os meses de inverno.

O cogumelo está entre os poucos alimentos que fornecem vitamina D – e a única fonte vegana da substância.

SOPA DE COGUMELO E FREEKEH

Rica em proteínas e com **textura cremosa**, essa combinação encorpada de **cogumelo, salsa, alecrim** e **freekeh**, que é um supergrão, **satisfaz** e proporciona uma boa dose de energia. Sirva quente.

PREPARO
55 minutos

RENDIMENTO
Rende 1 litro
Porções de 500 ml

ARMAZENAMENTO
5 dias na geladeira
8 semanas no freezer

INGREDIENTES

- 2 cols. (sopa) de azeite
- 115 g de alho-poró picado
- 75 g de cenoura picada
- 50 g de aipo picado
- 2 a 3 dentes de alho amassados
- ½ col. (sopa) de purê de tomate
- 50 g de cogumelo shiitake picado
- 50 g de cogumelo portobello picado
- 750 ml de água
- 150 g de freekeh (p. 15) cozido
- 2 cols. (sopa) de salsa bem picada
- ½ col. (chá) de alecrim fresco bem picado
- ½ col. (chá) de sal
- pimenta-do-reino moída na hora

PREPARO

1. Em uma panela média, aqueça o azeite em fogo moderado por 2 minutos. Junte o alho-poró, a cenoura, o aipo e o alho; refogue por cerca de 5 minutos, até o alho-poró ficar translúcido.

2. Acrescente o purê de tomate e refogue por mais 5 minutos. Adicione os cogumelos e a água. Aumente o fogo e espere ferver. Reduza a chama e cozinhe por 10 minutos, ou até os cogumelos ficarem macios.

3. Transfira para o liquidificador. Junte o freekeh e bata até a sopa ficar homogênea; se necessário, coloque mais água para diluir. Adicione a salsa, o alecrim, o sal e uma pitada de pimenta-do-reino; bata rapidamente para incorporar.

CADA PORÇÃO CONTÉM	
calorias	225
gorduras totais	15 g
colesterol	0 mg
sódio	648 mg
carboidratos	21 g
fibras	6 g
açúcar	4 g
proteínas	5 g

SOPA DE FIGO E CARDAMOMO

O **figo seco adocicado** e a **castanha-de-caju amendoada** são valorizados pelas **notas florais do cardamomo** nessa receita proteica. É uma **boa refeição pela manhã** ou para o lanche da tarde. Sirva fria.

PREPARO
45 minutos

RENDIMENTO
Rende 750 ml
Porções de 250 ml

ARMAZENAMENTO
5 dias na geladeira
8 semanas no freezer

INGREDIENTES

- 500 ml de água
- 150 g de castanha-de-caju sem sal
- ½ col. (chá) de sementes de cardamomo (8-10 bagas)
- 185 g de quinoa cozida
- sementes de 1 fava de baunilha
- 1 col. (chá) de xarope de agave
- ¼ de xícara (chá) de figo seco aparado e cortado em quartos

PREPARO

1. Demolhe as castanhas-de-caju em uma tigela com água quente por 10 minutos.

2. Transfira as castanhas com a água para o liquidificador. Bata por 30 segundos, ou até obter uma mistura homogênea.

3. Moa as sementes de cardamomo em um pilão até reduzi-las a um pó fino. Junte o cardamomo, a quinoa, a baunilha, o xarope de agave e o figo às castanhas no liquidificador e bata até a sopa ficar homogênea.

4. Leve à geladeira por 30 minutos, até gelar. Antes de servir, bata rapidamente para reincorporar os ingredientes; se necessário, junte água ou leite de castanha-de-caju para diluir.

CADA PORÇÃO CONTÉM

calorias	335
gorduras totais	19 g
colesterol	0 mg
sódio	3 mg
carboidratos	39 g
fibras	5 g
açúcar	9 g
proteínas	11 g

Se não encontrar... cardamomo, ou se achar que o sabor é muito forte, substitua por gengibre.

Bom para o coração, o figo contém muitas fibras e potássio, que ajuda a regular a pressão arterial.

A abobrinha é boa fonte de potássio, que ajuda a normalizar a pressão sanguínea e manter os rins saudáveis.

SOPA DE ERVA-DOCE E ABOBRINHA

A **abobrinha** garante a **textura aveludada** e o gosto suave dessa **sopa delicada** – e faz sobressair o **aroma da erva-doce**. Cebola e alho conferem um **equilíbrio aromático** e intensificam o sabor. Sirva quente.

PREPARO
20 minutos

RENDIMENTO
Rende 1 litro
Porções de 500 ml

ARMAZENAMENTO
5 dias na geladeira
8 semanas no freezer

INGREDIENTES

- 1 col. (sopa) de óleo de coco
- 150 g de cebola picada
- 250 g de erva-doce (bulbo e ramos) picada
- ¾ de dente de alho amassado
- 350 g de abobrinha picada
- 1 litro de água
- sal e pimenta-do-reino moída na hora

PREPARO

1. Em uma panela média, aqueça o óleo de coco em fogo moderado por 2 minutos, Junte a cebola, a erva-doce e o alho; refogue por cerca de 5 minutos, até a cebola ficar translúcida.

2. Acrescente a abobrinha e a água. Aumente o fogo e espere ferver. Reduza a chama e cozinhe por 7 minutos, ou até os ingredientes ficarem macios. Retire do fogo.

3. Transfira para o liquidificador e tempere com uma pitada de sal e pimenta-do-reino. Bata até a sopa ficar homogênea.

CADA PORÇÃO CONTÉM

calorias	113
gorduras totais	2 g
colesterol	0 mg
sódio	222 mg
carboidratos	22 g
fibras	7 g
açúcar	12 g
proteínas	5 g

Para fazer...
Sopa doce de erva-doce e pera, exclua o alho, o sal e a pimenta-do-reino e substitua a abobrinha por 175 g de pera descascada e picada.

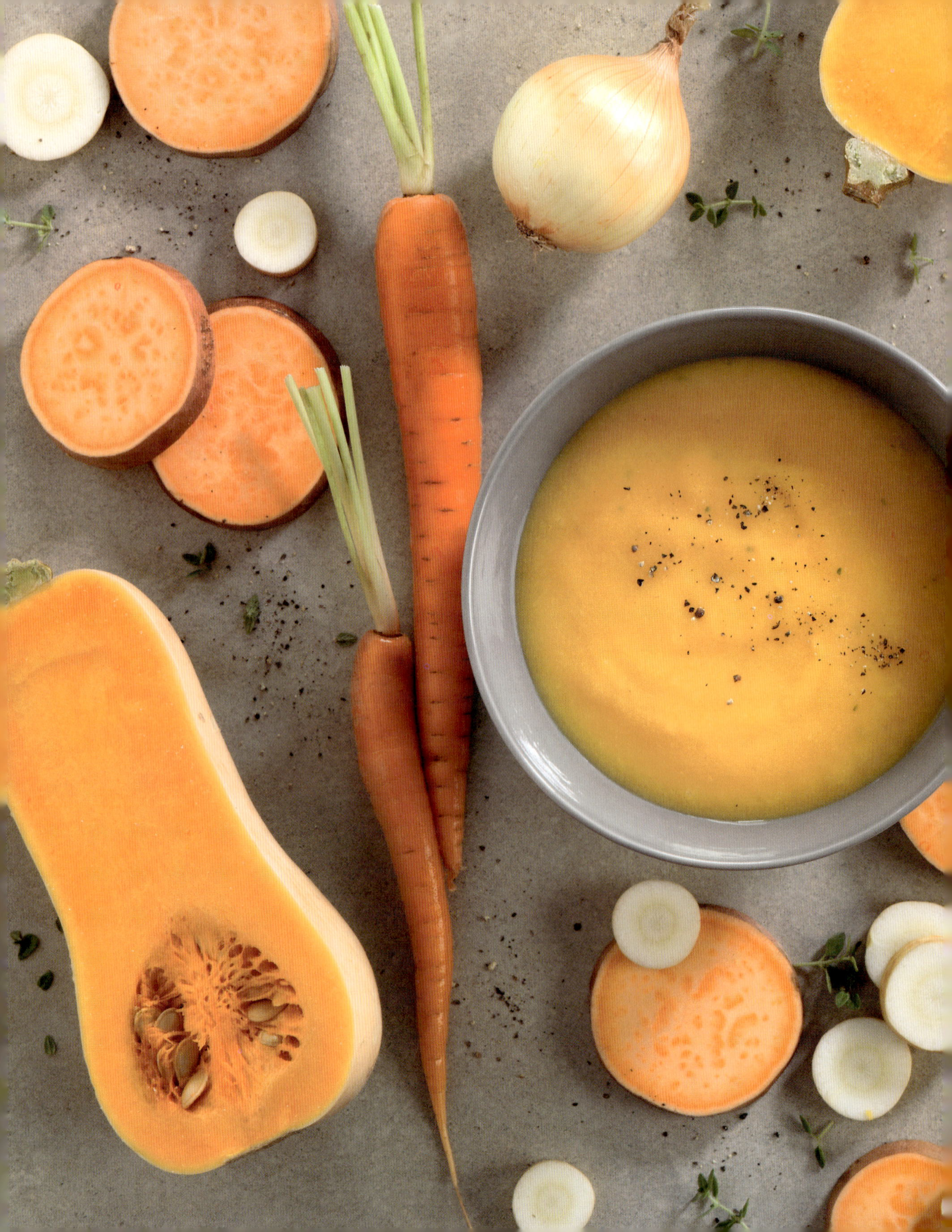

SOPA DE RAÍZES E VEGETAIS DE INVERNO

Essa combinação **suave e cremosa**, feita com **raízes rústicas** e **vegetais cheios de vitaminas**, ganha ainda mais sabor com a adição de **tomilho fresco**. É reconfortante e deliciosa em uma noite de inverno. Sirva quente.

PREPARO
35 minutos

RENDIMENTO
Rende 2,4 litros
Porções de 500 ml

ARMAZENAMENTO
5 dias na geladeira
8 semanas no freezer

INGREDIENTES

- 3 cols. (sopa) de óleo de coco
- 450 g de cebola picada
- 6 dentes de alho amassados
- 175 g de batata-doce picada
- 125 g de abóbora-cheirosa picada
- 150 g de cenoura picada
- 150 g de pastinaca (p. 106) picada
- 150 g de aipo-rábano (p.109) picado
- 2 litros de água
- 1 col. (chá) de tomilho fresco bem picado
- 1 col. (chá) de sal
- ½ col. (chá) de pimenta-do-reino moída na hora

PREPARO

1. Em uma panela grande, aqueça o óleo de coco em fogo moderado por 2 minutos. Junte a cebola e o alho; refogue por cerca de 5 minutos, até a cebola ficar translúcida.

2. Acrescente a batata-doce, a abóbora-cheirosa, a cenoura, a pastinaca, o aipo-rábano e a água. Aumente o fogo e espere ferver. Reduza a chama e cozinhe por 10 minutos, ou até os ingredientes ficarem macios. Retire do fogo.

3. Transfira para o liquidificador. Adicione o tomilho e bata até obter uma mistura homogênea. Tempere com sal e pimenta-do-reino.

CADA PORÇÃO CONTÉM

calorias	178
gorduras totais	4 g
colesterol	0 mg
sódio	538 mg
carboidratos	36 g
fibras	8 g
açúcar	12 g
proteínas	4 g

DETOX DE 5 DIAS PARA PURIFICAR

É difícil controlar a exposição a toxinas ambientais nocivas, mas é possível combatê-las por meio de mudanças na alimentação. Essas sopas contêm ingredientes com propriedades desintoxicantes, que ajudam a limpar o fígado, purificar o sangue e neutralizar substâncias danosas.

Para obter os melhores resultados, siga o programa por cinco dias. Depois, incorpore um dia de detox à sua dieta semanal para manter os efeitos positivos.

Passe as sopas do freezer para a geladeira no máximo dois ou três dias antes de consumir. As que não podem ser congeladas devem ser preparadas um ou dois dias antes do consumo.

Lista de compras

Geladeira/Freezer
- Beterraba (6 médias)
- Cebola (12)
- Cebola roxa (1)
- Cenoura (11 médias)
- Abobrinha (6 médias)
- Aipo (16 talos)
- Alho (23 dentes)
- Espinafre baby (2 kg)
- Couve (400 g, picada)
- Erva-doce (4 bulbos grandes)
- Brócolis (2 kg, em buquês)
- Pastinaca (5 médias)
- Rúcula (500 g)
- Gengibre fresco (7,5 cm)
- Maçã verde (6 grandes)
- Limão-siciliano (4)
- Suco de laranja fresco (750 ml)
- Manjericão fresco (90 g, picado)
- Hortelã fresca (90 g, picada)

Despensa
- Azeite (3 cols. sopa)
- Óleo de coco (250 ml)
- Coração de alcachofra em conserva (1,2 kg)
- Água (14 litros)
- Essência de baunilha (1½ col. sopa)
- Paus de canela (2)
- Pimenta vermelha em flocos (1½ col. chá)
- Sal
- Pimenta-do-reino

Eventuais alternativas para ingredientes são indicadas nas respectivas receitas.

Detox de 5 dias para purificar 133

PREPARO			DURANTE O DETOX	
1 SEMANA ANTES	**3 DIAS ANTES**	**1 DIA ANTES**	**SOPAS DIÁRIAS**	**REFORÇO AO DETOX**
★ Prepare a **Sopa de brócolis com rúcula** (três receitas); congele em porções de 500 ml. RECEITA NA P. 143	★ Prepare a **Sopa de erva-doce e abobrinha** (três receitas); congele em porções de 500 ml. RECEITA NA P. 129	★ Prepare a **Sopa de beterraba e laranja** (três receitas); mantenha na geladeira ou congele em porções de 500 ml. RECEITA NA P. 40	**CAFÉ DA MANHÃ** Sopa de beterraba e laranja (500 ml) **LANCHE** Sopa de brócolis com rúcula (500 ml) **ALMOÇO** Sopa de erva-doce e abobrinha (500 ml)	★ Beba 2 copos de água alcalina entre as refeições (p. 35). ★ Faça 30-60 minutos de exercícios leves a moderados diariamente, de preferência hot ioga ou treinos cardiovasculares, para ajudar na desintoxicação.
★ Prepare a **Sopa de alcachofra e manjericão** (três receitas); congele em porções de 500 ml. RECEITA NA P. 75	★ Prepare a **Sopa de verduras detox** (três receitas); congele em porções de 500 ml. RECEITA NA P. 116	★ Prepare a **Sopa de pastinaca e maçã** (duas receitas); mantenha na geladeira ou congele em porções de 500 ml. RECEITA NA P. 106	**LANCHE** Sopa de verduras detox (500 ml) **JANTAR** Sopa de alcachofra e manjericão	
★ Elimine alimentos processados e açúcar de sua dieta. Procure consumir produtos integrais.	★ Elimine os laticínios de sua alimentação diária. ★ Procure basear as refeições em vegetais, complementando com peixe, grãos e leguminosas.	★ Transfira as sopas congeladas do freezer para a geladeira, para descongelar. ★ Elimine todas as proteínas animais sólidas de sua alimentação. ★ Consuma refeições à base de vegetais, com um pouco de grãos, leguminosas e oleaginosas. ★ Beba pelo menos 8 copos de água.	**SOBREMESA** Sopa de pastinaca e maçã (250 ml) **ALTERNATIVAS** Sopa de morango com chia RECEITA NA P. 45 Sopa de grão-de-bico com pimentão RECEITA NA P. 138	

SOPA DE GRÃOS ANCESTRAIS

Grãos ancestrais, como amaranto, freekeh e quinoa, dão a **textura robusta** e o **sabor rústico** a essa sopa de tomate vibrante. Feita com uma **mistura aromática** de vegetais, é **nutritiva e satisfaz**. Sirva quente.

PREPARO
45 minutos

RENDIMENTO
Rende 1 litro
Porções de 500 ml

ARMAZENAMENTO
5 dias na geladeira
8 semanas no freezer

INGREDIENTES

¾ de col. (sopa) de azeite
75 g de cebola picada
50 g de aipo picado
75 g de cenoura picada
2 dentes de alho amassados
400 g de tomate pelado picado
60 g de amaranto cozido
45 g de freekeh (p. 15) cozido
45 g de quinoa cozida
400 ml de água
1 col. (chá) de salsa picada
sal e pimenta-do-reino moída na hora

PREPARO

1. Em uma panela média, aqueça o azeite em fogo moderado por 2 minutos. Junte a cebola, o aipo, a cenoura e o alho; refogue por cerca de 5 minutos, até a cebola ficar translúcida.

2. Acrescente o tomate (e o suco da lata), o amaranto, o freekeh, a quinoa e a água. Aumente o fogo e espere ferver. Reduza a chama e cozinhe por 15 minutos. Retire do fogo.

3. Transfira a sopa para o liquidificador. Adicione a salsa e bata até obter uma mistura homogênea. Tempere com uma pitada de sal e pimenta-do-reino.

CADA PORÇÃO CONTÉM

calorias	220
gorduras totais	7 g
colesterol	0 mg
sódio	692 mg
carboidratos	34 g
fibras	6 g
açúcar	9 g
proteínas	6 g

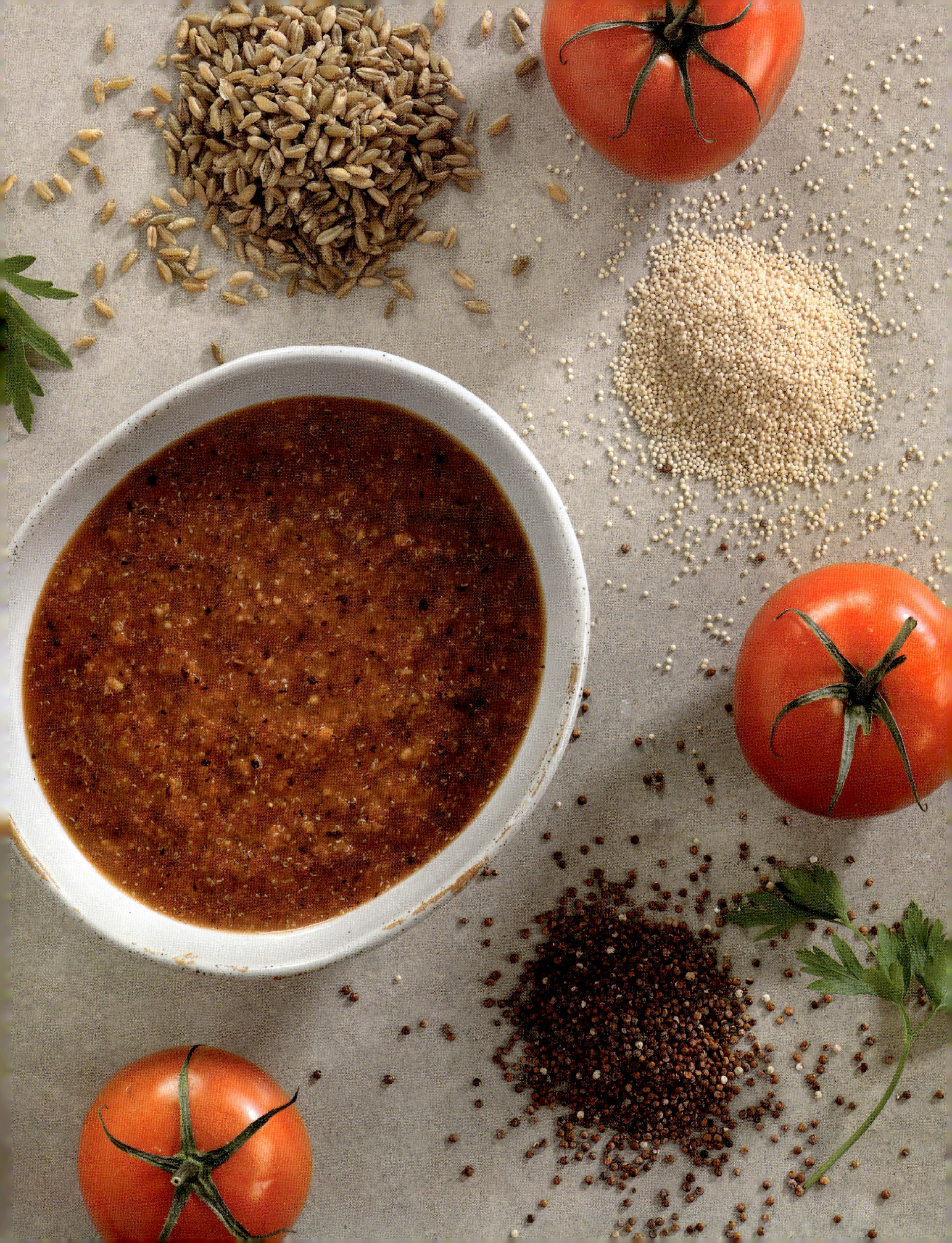

Sopas para o inverno

SOPA DE
TUPINAMBO ASSADO

O **tupinambo** é um pequeno tubérculo com **sabor delicado** e **levemente adocicado**. Assado com **couve-flor**, rende uma **sopa vigorosa e amendoada**, de textura aveludada. Sirva quente.

PREPARO
35 minutos

RENDIMENTO
Rende 1,5 litro
Porções de 500 ml

ARMAZENAMENTO
5 dias na geladeira
8 semanas no freezer

INGREDIENTES

175 g de couve-flor
225 g de cebola picada
25 g de aipo picado
6 tupinambos* fatiados
2 cols. (sopa) de azeite
suco de ½ limão-siciliano
1,2 litro de água
3 cols. (sopa) de salsa picada
¼ de col. (chá) de pimenta-
-de-caiena
½ col. (chá) de sal
pimenta-do-reino moída
na hora

* Como alternativa ao tupinambo, use 225 g de mandioquinha.

PREPARO

1 Preaqueça o forno a 230°C e forre uma assadeira com papel-alumínio.

2 Em uma tigela média, misture a couve-flor, a cebola, o aipo e o tupinambo. Regue com azeite e misture muito bem. Transfira para a assadeira e leve ao forno por 20 minutos, ou até começar a dourar.

3 Coloque os vegetais assados, o suco de limão, a água, a salsa e a pimenta-de-caiena no liquidificador. Bata até obter uma sopa homogênea; se necessário, acrescente água para diluir. Tempere com sal e uma pitada de pimenta-do-reino; bata rapidamente para incorporar.

CADA PORÇÃO CONTÉM

calorias	209
gorduras totais	9 g
colesterol	0 mg
sódio	423 mg
carboidratos	13 g
fibras	5 g
açúcar	15 g
proteínas	4 g

Experimente... substituir o tupinambo por 225 g de inhame picado.

SOPA DE GRÃO-DE-BICO PICANTE

Essa receita traz os **sabores exóticos e picantes** da canela, do cominho e da páprica em uma **sopa substanciosa de grão-de-bico**. Repleta de proteínas, é uma refeição que **aquece e sacia**. Sirva quente.

PREPARO
35 minutos

RENDIMENTO
Rende 1 litro
Porções de 500 ml

ARMAZENAMENTO
5 dias na geladeira
8 semanas no freezer

INGREDIENTES

1½ col. (sopa) de azeite
150 g de cebola picada
3 dentes de alho amassados
1 col. (chá) de cominho
2 cols. (chá) de canela
¼ de col. (chá) de pimenta-
 -de-caiena
½ col. (chá) de páprica
225 g de tomate pelado
 picado
400 g de grão-de-bico
 escorrido e lavado
1 litro de água
85 g de espinafre baby
1 col. (sopa) de coentro
 picado
sal

PREPARO

1 Em uma panela média, aqueça o azeite em fogo moderado por 2 minutos. Junte a cebola e o alho; refogue por cerca de 5 minutos, até a cebola ficar translúcida. Acrescente o cominho, a canela, a pimenta-de-caiena, a páprica e o tomate; cozinhe por 3 minutos.

2 Adicione o grão-de-bico e a água. Aumente o fogo e espere ferver. Reduza a chama, tampe e cozinhe por 15 minutos. Retire do fogo.

3 Transfira a sopa para o liquidificador. Junte o espinafre e o coentro. Bata até incorporar tudo; se necessário, acrescente água para diluir. Tempere com uma pitada de sal e bata rapidamente para misturar.

CADA PORÇÃO CONTÉM

calorias	296	carboidratos	54 g
gorduras totais	6 g	fibras	17 g
colesterol	0 mg	açúcar	14 g
sódio	565 mg	proteínas	13 g

SOPA DE GRÃO-DE-BICO COM PIMENTÃO

Essa **receita vibrante** combina os sabores do **pimentão assado** com o **grão-de-bico** em uma refeição cremosa e que satisfaz. O tomate grelhado dá um toque **levemente defumado**. Sirva quente.

PREPARO
30 minutos

RENDIMENTO
Rende 1 litro
Porções de 500 ml

ARMAZENAMENTO
5 dias na geladeira
8 semanas no freezer

INGREDIENTES

1½ col. (sopa) de azeite
225 g de cebola picada
2 dentes de alho amassados
115 g de tomate grelhado picado*
250 g de pimentão vermelho em conserva lavado e escorrido
125 g de grão-de-bico em lata lavado e escorrido
1 litro de água
2 cols. (sopa) de salsa bem picada
sal

PREPARO

1 Em uma panela média, aqueça o azeite em fogo moderado por 2 minutos. Refogue a cebola e o alho por cerca de 5 minutos, até a cebola ficar translúcida.

2 Junte o tomate, o pimentão, o grão-de-bico e a água. Aumente o fogo e espere ferver. Reduza a chama, tampe e cozinhe por 10 minutos. Retire do fogo.

3 Transfira a sopa para o liquidificador e bata até ficar homogênea. Adicione a salsa e uma pitada de sal; bata rapidamente para incorporar.

* Faça um corte superficial em formato de cruz na parte superior de tomates firmes. Em seguida coloque-os em uma panela com água fervente por 30 segundos, retire-os e passe-os pela água fria. Remova a pele e corte-os ao meio, descartando as sementes e o miolo. Unte uma grelha com azeite e grelhe os tomates em ambos os lados até murcharem, mas sem desmanchar.

Para incrementar... os benefícios para a saúde, substitua a água por caldo de ossos de frango e junte 1 colher (chá) de pimenta vermelha em flocos com o tomate em cubos.

CADA PORÇÃO CONTÉM

calorias	280
gorduras totais	5 g
colesterol	0 mg
sódio	317 mg
carboidratos	54 g
fibras	11 g
açúcar	16 g
proteínas	14 g

O pimentão vermelho é uma excelente fonte de antioxidantes e tem mais vitamina C por porção do que uma laranja.

SOPA DE AMÊNDOA CHAI

Com **anis-estrelado, canela, gengibre** e **cardamomo**, essa receita tem o **sabor do chai,** mas sem laticínios. A amêndoa dá uma **textura cremosa** e é **rica em proteínas.** Sirva fria.

PREPARO
12 horas

RENDIMENTO
Rende 1 litro
Porções de 250 ml

ARMAZENAMENTO
5 dias na geladeira
8 semanas no freezer

INGREDIENTES

2 cols. (sopa) de folhas de chá-preto descafeinado (ou 2 saquinhos)

1 litro de água

150 g de amêndoa crua

2 paus de canela

1 anis-estrelado

4 cols. (sopa) de xarope de agave

sementes de 1 fava de baunilha

1½ col. (sopa) de gengibre ralado

¾ de col. (chá) de cardamomo em pó

½ col. (chá) de pimenta-do-reino moída na hora

½ col. (chá) de canela em pó

PREPARO

1. Coloque o chá em uma jarra refratária com capacidade para 1 litro. Ferva a água em fogo alto e despeje sobre o chá. Deixe em infusão por 4-5 minutos. Coe e descarte as folhas.

2. Junte a amêndoa, a canela e o anis-estrelado. Espere esfriar e leve à geladeira durante a noite.

3. Retire a canela e o anis-estrelado. Transfira o chá para o liquidificador e acrescente o xarope de agave, a baunilha, o gengibre, o cardamomo, a pimenta-do-reino e a canela em pó. Bata até obter uma mistura homogênea.

CADA PORÇÃO CONTÉM

calorias	287
gorduras totais	18 g
colesterol	0 mg
sódio	6 mg
carboidratos	26 g
fibras	5 g
açúcar	16 g
proteínas	8 g

Para um sabor... mais doce e rústico, experimente chá de rooibos no lugar do chá-preto.

SOPA DE COGUMELO E PAINÇO

Essa receita inclui painço, **grão ancestral** rico em fibras, proteínas e vitamina B3. Combinado com o **cogumelo, rústico e apetitoso**, rende uma refeição com **poucas calorias, mas que satisfaz**. Sirva quente.

PREPARO
35 minutos

RENDIMENTO
Rende 1 litro
Porções de 500 ml

ARMAZENAMENTO
5 dias na geladeira
8 semanas no freezer

INGREDIENTES

- 1 col. (sopa) de azeite
- 150 g de cebola picada
- 3 dentes de alho amassados
- 400 g de cogumelo portobello picado
- 750 ml de água
- ¼ de xícara (chá) de painço cozido
- suco de ½ limão-siciliano
- 2 cols. (sopa) de salsa bem picada
- ½ col. (chá) de tomilho fresco bem picado
- ¾ de col. (chá) de sal
- pimenta-do-reino moída na hora
- ½ col. (chá) de azeite trufado (opcional)

PREPARO

1. Em uma panela média, aqueça o azeite em fogo moderado por 2 minutos. Refogue a cebola e o alho por cerca de 5 minutos, até a cebola ficar translúcida.

2. Junte o cogumelo e a água. Aumente o fogo e espere ferver. Reduza a chama e cozinhe por 10 minutos, ou até o cogumelo ficar macio. Retire do fogo.

3. Transfira para o liquidificador. Acrescente o painço, o suco de limão, a salsa e o tomilho. Bata até obter uma sopa homogênea. Tempere com sal e uma pitada de pimenta-do-reino e, se quiser, adicione o azeite trufado. Bata rapidamente para incorporar.

CADA PORÇÃO CONTÉM

calorias	115	carboidratos	22 g
gorduras totais	2 g	fibras	3 g
colesterol	0 mg	açúcar	7 g
sódio	885 mg	proteínas	6 g

Brócolis são fonte importante de vitamina K, que ajuda a manter os ossos e o sangue saudáveis.

SOPA DE BRÓCOLIS COM RÚCULA

Brócolis e rúcula juntam-se nessa sopa de **textura leve**, que **dá energia** e ao mesmo tempo **desintoxica**. Uma espremida de limão-siciliano confere **intensidade e acidez**. Sirva quente.

PREPARO
20 minutos

RENDIMENTO
Rende 1 litro
Porções de 500 ml

ARMAZENAMENTO
5 dias na geladeira
8 semanas no freezer

INGREDIENTES

- 1 col. (sopa) de óleo de coco
- 150 g de cebola picada
- 2 dentes de alho amassados
- 675 g de floretes de brócolis
- 850 ml de água
- 175 g de rúcula baby
- sal e pimenta-do-reino moída na hora
- 1 cunha de limão-siciliano

PREPARO

1. Em uma panela média, aqueça o óleo de coco em fogo moderado por 2 minutos. Refogue a cebola e o alho por cerca de 5 minutos, até a cebola ficar translúcida.

2. Junte os brócolis e a água. Aumente o fogo e espere ferver. Reduza a chama, tampe e cozinhe por 5 minutos, ou até os brócolis ficarem macios. Retire do fogo.

3. Transfira para o liquidificador e acrescente a rúcula. Bata até obter uma mistura homogênea. Tempere com uma pitada de sal e pimenta-do-reino e finalize com uma espremida de limão-siciliano.

CADA PORÇÃO CONTÉM

calorias	117
gorduras totais	2 g
colesterol	0 mg
sódio	69 mg
carboidratos	22 g
fibras	7 g
açúcar	7 g
proteínas	7 g

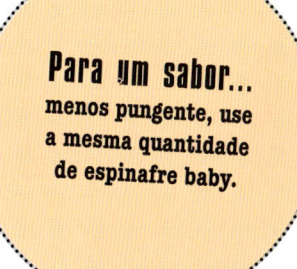

Para um sabor... menos pungente, use a mesma quantidade de espinafre baby.

DETOX DE 3 DIAS PARA AUMENTAR A IMUNIDADE

Todos os dias, seu sistema imunológico monitora e protege o organismo contra doenças e infecções. Uma dieta e um estilo de vida inadequados afetam esse funcionamento – e, quando a imunidade enfraquece, o corpo fica suscetível a disfunções e infecções mais sérias.

Siga esse programa por três dias para fortalecer a imunidade.

Passe as sopas do freezer para a geladeira no máximo dois ou três dias antes de consumir. As que não podem ser congeladas devem ser preparadas um ou dois dias antes do consumo.

Lista de compras

Geladeira/Freezer
Cebola (6)
Aipo (4 talos)
Cenoura (11 médias)
Alho (19 dentes)
Erva-doce (3 bulbos)
Morango (900 g)
Banana (3)
Salsa (1 maço)
Endro fresco (3 cols. sopa, bem picado)
Gengibre (½ col. chá, ralado)
Frango com osso (1 kg, em pedaços)
Pé de galinha (1 kg)

Despensa
Azeite (9 cols. sopa)
Óleo de coco (1½ col.)
Vinagre de maçã (2 cols. sopa)
Vinagre de vinho tinto (4 cols. sopa)
Água (7,8 litros)
Água de coco (1 litro)
Leite de coco light (120 ml)
Tomate grelhado picado (400 g)
Tomate pelado picado (800 g)
Pimentão vermelho em conserva (1 kg)
Sementes de linhaça moídas (2 cols. chá)
Sementes de chia (4 cols. chá)
Nozes (100 g)
Amêndoa sem pele (150 g)
Xarope de agave (3 cols. chá)
Folha de louro (1)
Pimenta vermelha em flocos (½ col. chá)
Pimenta-jalapeño (2 cols. sopa)
Pimenta-de-caiena (1 col. chá)
Curry em pó (2 cols. sopa)
Pau de canela (1)
Sal
Pimenta-do-reino

Eventuais alternativas para ingredientes são indicadas nas respectivas receitas.

Detox de 3 dias para aumentar a imunidade 145

PREPARO			DURANTE O DETOX	
1 SEMANA ANTES	**3 DIAS ANTES**	**1 DIA ANTES**	**SOPAS DIÁRIAS**	**REFORÇO AO DETOX**
★ Prepare o **Caldo de galinha picante** (uma receita); congele em porções de 500 ml. RECEITA NA P. 156	★ Prepare a **Sopa de cenoura com curry** (duas receitas); congele em porções de 500 ml. RECEITA NA P. 38	★ Prepare a **Sopa de morango com chia** (duas receitas); mantenha na geladeira ou congele em porções de 500 ml. RECEITA NA P. 45	**CAFÉ DA MANHÃ** Sopa de morango com chia (500 ml) \n\n **LANCHE** Caldo de galinha picante (500 ml) \n\n **ALMOÇO** Sopa romesco com pimentão vermelho (500 ml) \n\n **LANCHE** Sopa de cenoura com curry (500 ml) \n\n **JANTAR** Caldo de tomate com endro (500 ml) \n\n **SOBREMESA** Sopa de banana com nozes (250 ml) \n\n **ALTERNATIVAS** Sopa cítrica com lavanda (café da manhã) RECEITA NA P. 150 \n\n Sopa de aspargo com hortelã RECEITA NA P. 51	★ Beba 2 copos de água alcalina entre as refeições (p. 35). \n\n ★ Faça 30-60 minutos de exercícios leves a moderados diariamente.
★ Prepare a **Sopa romesco com pimentão vermelho** (duas receitas); congele em porções de 500 ml. RECEITA NA P. 63	★ Prepare **Caldo de tomate com endro** (uma receita); congele em porções de 500 ml. RECEITA NA P. 173	★ Prepare a **Sopa de banana com nozes** (uma receita); mantenha na geladeira ou congele em porções de 250 ml. RECEITA NA P. 107		
★ Elimine alimentos processados e açúcar de sua dieta. Procure consumir produtos integrais.	★ Elimine os laticínios de sua alimentação diária. \n\n ★ Procure basear as refeições em vegetais, complementando com peixe, grãos e leguminosas.	★ Transfira as sopas congeladas do freezer para a geladeira, para descongelar. \n\n ★ Elimine todas as proteínas animais sólidas de sua alimentação. \n\n ★ Consuma refeições à base de vegetais com um pouco de grãos, leguminosas e oleaginosas. \n\n ★ Beba pelo menos 8 copos de água.		

SOPA DE
CENOURA E ERVA-DOCE

Assar a **cenoura e a erva-doce** com um fio de mel agrega um **toque rústico e adocicado** aos vegetais, e o tomilho fresco complementa o sabor dessa **sopa cremosa e reconfortante**. Sirva quente.

PREPARO
30 minutos

RENDIMENTO
Rende 1 litro
Porções de 500 ml

ARMAZENAMENTO
5 dias na geladeira
8 semanas no freezer

INGREDIENTES

300 g de cenoura picada
175 g de erva-doce picada
150 g de cebola picada
2 cols. (sopa) de óleo de coco
2 cols. (sopa) de mel
1 litro de água
½ col. (chá) de tomilho fresco bem picado
sal e pimenta-do-reino moída na hora

PREPARO

1. Preaqueça o forno a 220°C e forre uma assadeira com papel-alumínio.

2. Em uma tigela média, misture a cenoura, a erva-doce e a cebola. Regue com o óleo de coco e o mel; misture bem. Espalhe os vegetais na assadeira e leve ao forno por 12-15 minutos, ou até começar a caramelizar.

3. Coloque os vegetais, a água e o tomilho no liquidificador. Bata até obter uma consistência homogênea e tempere com uma pitada de sal e pimenta-do-reino; se necessário, reaqueça antes de servir.

CADA PORÇÃO CONTÉM

calorias	293
gorduras totais	14 g
colesterol	0 mg
sódio	428 mg
carboidratos	43 g
fibras	8 g
açúcar	13 g
proteínas	3 g

Para fazer... Sopa condimentada de cenoura, adicione 140 g de iogurte grego, substitua o tomilho por 2 colheres (sopa) de coentro picado, junte ½ colher (chá) de cominho e uma espremida de limão-taiti.

O mel facilita a caramelização na hora de assar os vegetais.

SOPA DE ABÓBORA-CHEIROSA COM FEIJÃO-PRETO

Pedaços de **abóbora-cheirosa adocicada**, caldo de **tomate grelhado** e **feijão-preto** se completam nessa receita nutritiva e rica em fibras. A pimenta em pó acrescenta um **toque picante**. Sirva quente.

PREPARO
45 minutos

RENDIMENTO
Rende 1 litro
Porções de 500 ml

ARMAZENAMENTO
5 dias na geladeira
8 semanas no freezer

INGREDIENTES

2 cols. (sopa) de azeite

115 g de cebola picada

7 dentes de alho amassados

1½ col. (chá) de purê de tomate

100 g de tomate grelhado picado (p. 138)

600 ml de água

1½ col. (chá) de pimenta vermelha em pó

¾ de col. (chá) de coentro em pó

¾ de col. (chá) de cominho

1 col. (chá) de pimenta de árbol ou caiena (opcional)

125 g de abóbora-cheirosa descascada picada

85 g de feijão-preto cozido e escorrido

1½ col. (sopa) de coentro fresco bem picado

suco de 1 limão-taiti

sal

PREPARO

1. Em uma panela média, aqueça o azeite em fogo moderado por 2 minutos. Refogue a cebola e o alho por cerca de 5 minutos, até a cebola ficar translúcida. Junte o purê de tomate e cozinhe por 3 minutos.

2. Acrescente o tomate grelhado, a água, a pimenta vermelha, o coentro em pó, o cominho, a pimenta de árbol, a abóbora e o feijão.

3. Aumente o fogo e espere ferver. Reduza a chama, tampe e cozinhe por cerca de 20 minutos, até a abóbora ficar macia.

4. Antes de servir, adicione o coentro fresco e o suco de limão. Tempere com sal a gosto.

CADA PORÇÃO CONTÉM

calorias	232
gorduras totais	4 g
colesterol	0 mg
sódio	534 mg
carboidratos	43 g
fibras	13 g
açúcar	6 g
proteínas	11 g

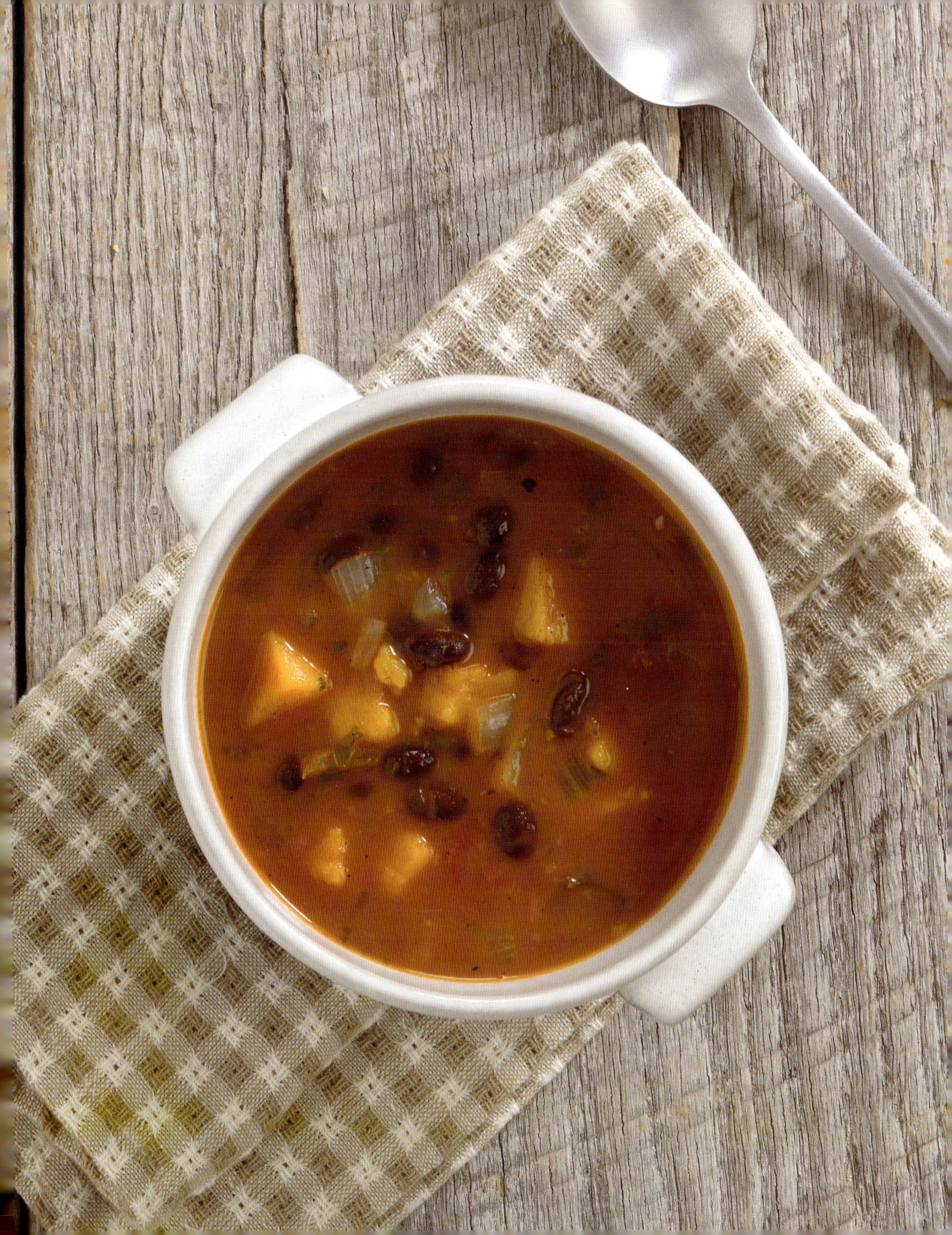

SOPA CÍTRICA COM LAVANDA

O **sabor cítrico da laranja** e do grapefruit une-se à chia amendoada e à **lavanda calmante** nessa receita **fresca e revigorante**. Aproveite no café da manhã ou como sobremesa. Sirva fria.

PREPARO
20 minutos

RENDIMENTO
Rende 750 ml
Porções de 250 ml

ARMAZENAMENTO
5 dias na geladeira
8 semanas no freezer

INGREDIENTES

- 3 laranjas
- 2 grapefruits
- 150 ml de água de coco
- 2 cols. (chá) de lavanda fresca bem picada
- 2 cols. (sopa) de sementes de chia

PREPARO

1. Com cuidado, descasque e retire as membranas das frutas. Corte em gomos e reserve o suco.

2. Coloque os gomos de laranja e grapefruit, o suco reservado, a água de coco e a lavanda no liquidificador. Bata por cerca de 30 segundos, até obter uma mistura homogênea.

3. Leve à geladeira por 30 minutos. Antes de servir, junte as sementes de chia e deixe hidratar por cerca de 10 minutos.

CADA PORÇÃO CONTÉM

calorias	185
gorduras totais	3 g
colesterol	0 mg
sódio	15 mg
carboidratos	39 g
fibras	8 g
açúcar	25 g
proteínas	4 g

Para acrescentar... proteína e textura, adicione 280 g de iogurte grego antes de juntar as sementes de chia.

A lavanda tem ação natural anti-inflamatória e ajuda na digestão.

Os flavonoides das frutas cítricas podem neutralizar radicais livres.

SOPA DE
BATATA-DOCE COM NOZ-MOSCADA

Com o calor picante da **noz-moscada**, **batata-doce** rústica e um toque de **maple syrup**, essa receita tem sabor de férias. Suave e **cremosa**, é um prato delicioso e saudável. Sirva quente.

PREPARO
45 minutos

RENDIMENTO
Rende 1 litro
Porções de 500 ml

ARMAZENAMENTO
5 dias na geladeira
8 semanas no freezer

INGREDIENTES

1½ col. (sopa) de óleo de coco
115 g de aipo picado
225 g de cebola picada
1 dente de alho amassado
1 litro de água
500 g de batata-doce picada
4 cols. (sopa) de maple syrup
½ col. (chá) de noz-
   -moscada ralada
sal

PREPARO

1. Em uma panela média, aqueça o óleo de coco em fogo moderado por 2 minutos. Refogue o aipo, a cebola e o alho por cerca de 5 minutos, até a cebola ficar translúcida.

2. Junte a água e a batata-doce. Aumente o fogo e espere ferver. Reduza a chama, tampe e cozinhe por cerca de 15 minutos, até a batata-doce ficar macia. Retire do fogo.

3. Transfira para o liquidificador e junte o maple syrup e a noz-moscada. Bata até obter uma mistura homogênea. Tempere com uma pitada de sal e bata rapidamente para incorporar.

CADA PORÇÃO CONTÉM

calorias	344
gorduras totais	2 g
colesterol	0 mg
sódio	285 mg
carboidratos	80 g
fibras	9 g
açúcar	38 g
proteínas	5 g

Para um sabor mais suave... substitua a batata-doce por 375 g de abóbora-cheirosa picada.

O açúcar natural da batata-doce é liberado lentamente e garante um fornecimento prolongado de energia

Ao contrário da maioria dos adoçantes, o maple syrup não provoca picos glicêmicos no sangue.

6
CALDOS E CONSOMÊS

Este capítulo reune caldos e consomês que ajudam o bom funcionamento do sistema digestório e têm ação anti-inflamatória. As receitas incluem ingredientes vegetais e também proteína animal. Podem ser consumidas como uma refeição ou servir de base para outras sopas.

CALDO DE
GALINHA PICANTE

O **caldo feito com ossos** rende um lanche reconfortante ou uma **base nutritiva para outras sopas**. A receita inclui ingredientes como **limão-taiti e pimenta-jalapeño**, que podem ser opcionais. Sirva quente.

PREPARO
7-24 horas

RENDIMENTO
Rende 1,5 litro
Porções de 500 ml

ARMAZENAMENTO
5 dias na geladeira
8 semanas no freezer

INGREDIENTES

- 2 cols. (sopa) de azeite
- 1 kg de pedaços de frango com osso (pernas, costas, pescoço)
- 1 kg de pé de galinha
- 3 litros de água
- 2 cols. (sopa) de vinagre de maçã
- 150 g de cebola picada
- 200 g de aipo picado
- 150 g de cenoura picada
- 8 dentes de alho descascados
- 1 folha de louro
- ½ maço de salsa
- 2 cols. (sopa) de pimenta-jalapeño fatiada (opcional)
- suco de 4 limões-taiti (opcional)
- ½ col. (chá) de sal
- ½ col. (chá) de pimenta-do-reino moída na hora

PREPARO

1. Em uma panela grande, aqueça o azeite em fogo médio por 2 minutos. Junte os pedaços de frango e os pés de galinha e frite por 8 minutos, até dourar de todos os lados.

2. Cubra com bastante água, junte o vinagre e leve ao fogo médio-alto até ferver.

3. Abaixe o fogo, tampe e cozinhe por 6-24 horas. De vez em quando, retire a espuma da superfície e junte mais água, conforme a necessidade, para manter os ossos cobertos.

4. Duas horas antes de tirar o caldo do fogo, acrescente a cebola, o aipo, a cenoura, o alho, o louro e a salsa. Deixe cozinhar pelas 2 horas restantes e retire do fogo.

5. Peneire o caldo e descarte os sólidos. Adicione a pimenta-jalapeño e o suco de limão, se for usar; tempere com sal e pimenta-do-reino. Leve à geladeira e, depois de frio, retire a gordura da superfície. Reaqueça antes de servir.

CADA PORÇÃO CONTÉM

calorias	68	carboidratos	15 g
gorduras totais	3 g	fibras	1 g
colesterol	0 mg	açúcar	3 g
sódio	404 mg	proteínas	1 g

A capsaicina da pimenta-jalapeño é uma substância poderosa no combate a inflamações.

CALDO DE
LEGUMES COM GERGELIM

O **sabor intenso do óleo de gergelim** torrado equilibra-se perfeitamente com as **notas vivas do limão-taiti** nesse caldo de inspiração oriental. O **gengibre deixa picante** e **facilita a digestão**. Sirva quente.

PREPARO
1 hora

RENDIMENTO
Rende 1,5 litro
Porções de 500 ml

ARMAZENAMENTO
5 dias na geladeira
8 semanas no freezer

INGREDIENTES

2 cols. (sopa) de azeite
150 g de cebola picada
60 g de capim-santo grosseiramente picado
100 g de gengibre com casca grosseiramente picado
150 g de cenoura picada
5 dentes de alho inteiros
2 litros de água
3 cols. (sopa) de molho tamari
suco de 3 limões-taiti
1 col. (chá) de óleo de gergelim torrado
30 g de cebolinha bem picada

PREPARO

1. Em uma panela média, aqueça o azeite em fogo moderado por 2 minutos. Junte a cebola, o capim-santo, o gengibre, a cenoura e o alho. Refogue por cerca de 5 minutos, até a cebola ficar translúcida.

2. Acrescente a água, aumente o fogo e espere ferver. Reduza a chama, tampe e cozinhe por 40 minutos. Retire do fogo.

3. Peneire o caldo e descarte os sólidos. Junte o molho tamari, o suco de limão e o óleo de gergelim. Polvilhe com a cebolinha.

Para fazer...
Sopa leve de legumes, junte 165 g de espinafre, 50 g de cogumelo picado, 75 g de cenoura cortada em tirinhas e 30 g de coentro picado ao caldo quente.

CADA PORÇÃO CONTÉM

calorias	76
gorduras totais	4 g
colesterol	10 mg
sódio	2,854 mg
carboidratos	7 g
fibras	0 g
açúcar	3 g
proteínas	5 g

Esse caldo reconfortante rende uma excelente base para sopas de vegetais.

Levemente cítrico, o capim-santo contém folatos e outros minerais.

CONSOMÊ DE CENOURA

O **sabor cítrico suave** do capim-santo complementa a **doçura natural da cenoura** nesse **consomê aromático**. Excelente fonte de vitamina C, é um tônico que **aumenta a imunidade** contra resfriados. Sirva quente.

PREPARO
1h10

RENDIMENTO
Rende 1,5 litro
Porções de 500 ml

ARMAZENAMENTO
5 dias na geladeira
8 semanas no freezer

INGREDIENTES

5 claras
450 g de cenoura ralada
85 g de capim-santo fatiado
50 g de gengibre picado
2 litros de suco de cenoura fresco e gelado
2 cols. (sopa) de coentro bem picado
1 col. (chá) de raspas de limão-taiti
½ col. (chá) de sal

PREPARO

1. Em uma tigela pequena, bata ligeiramente as claras. Transfira para uma panela média e junte a cenoura, o capim-santo, o gengibre e o suco. Misture.

2. Cozinhe em fogo médio, mexendo frequentemente. Depois de cerca de 20 minutos, uma "espuma de sólidos" se formará na superfície. Com uma colher, abra um orifício no meio para permitir que o consomê continue a cozinhar.

3. Reduza para fogo médio-baixo, cozinhe por 30 minutos e retire.

4. Forre uma peneira com musselina ou um filtro de café e coloque sobre uma tigela ou panela grande. Com cuidado, use uma concha para transferir o caldo e coar os sólidos.

5. Junte o coentro, as raspas de limão e o sal. Se necessário, aqueça o consomê antes de servir.

CADA PORÇÃO CONTÉM

calorias	361
gorduras totais	2 g
colesterol	0 mg
sódio	983 mg
carboidratos	78 g
fibras	9 g
açúcar	31 g
proteínas	14 g

CALDO DE SHIITAKE E GENGIBRE

Esse é um **caldo rústico, repleto de umami**. O shiitake fornece **vitaminas do complexo B**, além de **diversos minerais**, e o gengibre ajuda na digestão e tem propriedades **anti-inflamatórias**. Sirva quente.

PREPARO
45 minutos

RENDIMENTO
Rende 1,5 litro
Porções de 500 ml

ARMAZENAMENTO
5 dias na geladeira
8 semanas no freezer

INGREDIENTES

- 1 col. (sopa) de azeite
- 150 g de cebola picada
- 75 g de cenoura picada
- 100 g de gengibre grosseiramente picado
- 5 dentes de alho inteiros
- 100 g de cogumelo shiitake cortado em quartos
- 5 talos de salsa
- 2 litros de água
- 4 cols. (sopa) de molho tamari
- 2,5 cm de gengibre ralado

PREPARO

1. Em uma panela média, aqueça o azeite em fogo moderado por 2 minutos. Junte a cebola, a cenoura, o gengibre picado e o alho. Refogue por cerca de 5 minutos, até a cebola ficar translúcida.

2. Acrescente o cogumelo, a salsa e a água. Aumente o fogo e espere ferver. Reduza a chama, tampe e cozinhe por 30 minutos. Retire do fogo.

3. Forre uma peneira com musselina e coe o caldo, descartando os resíduos sólidos. Misture o molho tamari e o gengibre ralado. Se necessário, aqueça antes de servir.

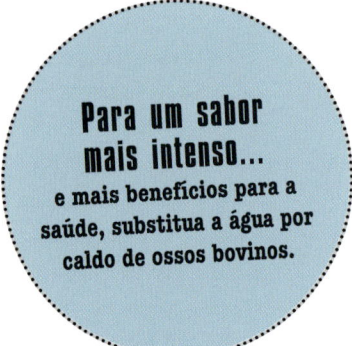

Para um sabor mais intenso... e mais benefícios para a saúde, substitua a água por caldo de ossos bovinos.

CADA PORÇÃO CONTÉM

calorias	144
gorduras totais	2 g
colesterol	0 mg
sódio	1,318 mg
carboidratos	30 g
fibras	5 g
açúcar	8 g
proteínas	6 g

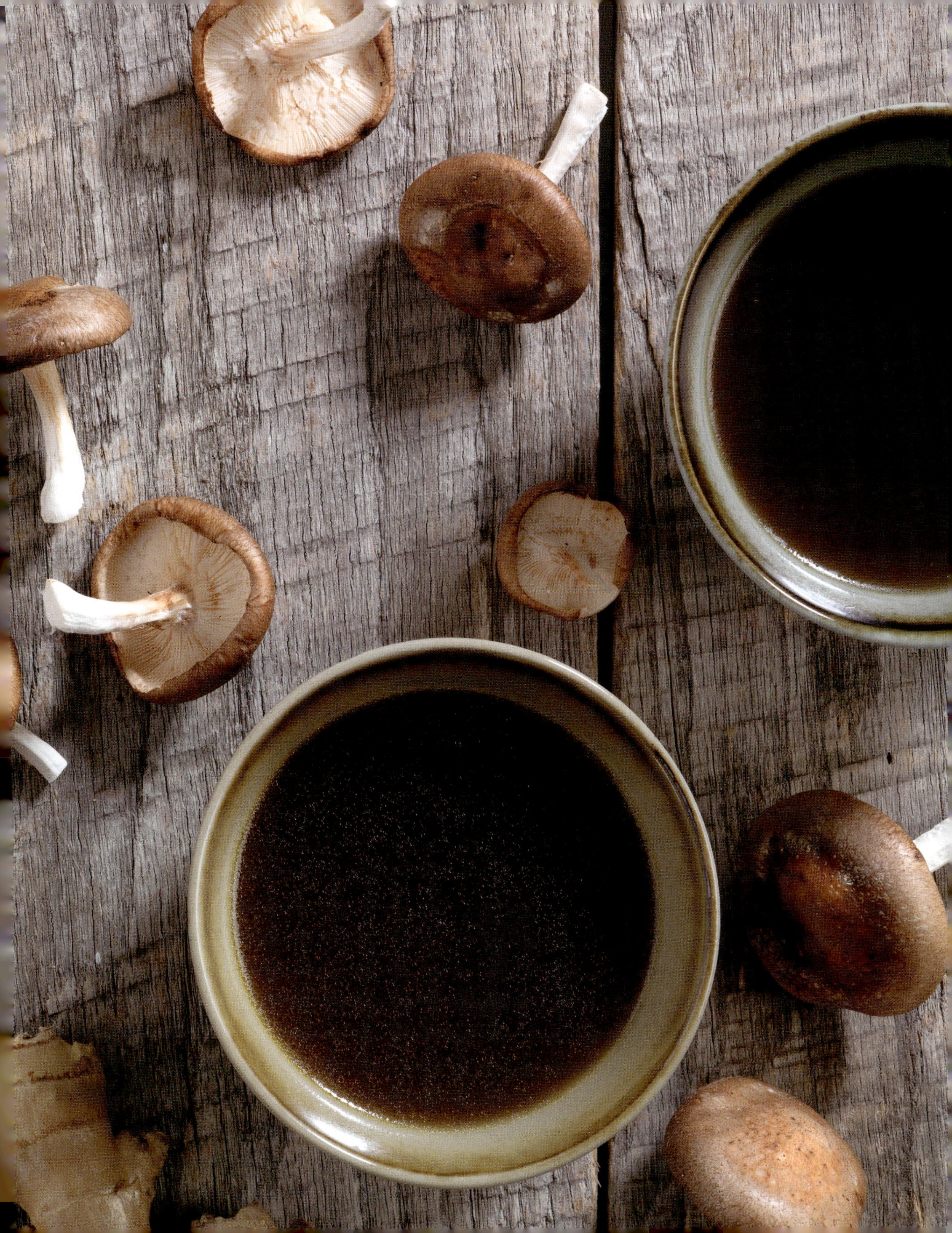

DETOX DE 5 DIAS PARA O SISTEMA DIGESTÓRIO

Achate a barriga, alivie a dor e o inchaço e ajude a digestão com esse detox restaurador. Alimentos processados ou ácidos, frituras e laticínios podem contribuir para esses tipos de problemas. Essa dieta privilegia vegetais hidratantes e ingredientes ricos em fibras, que trabalham para limpar, repor líquidos e revigorar o sistema digestório.

Siga por cinco dias.

Passe as sopas do freezer para a geladeira no máximo dois ou três dias antes de consumir. As que não podem ser congeladas devem ser preparadas um ou dois dias antes do consumo.

Lista de compras

Geladeira/Freezer
Alho-poró (675 g, picado)
Cenoura (6 médias)
Aipo (8 talos)
Abobrinha (3)
Alho (38 dentes)
Cebola (6)
Erva-doce (7 bulbos)
Abóbora-cheirosa (1 média)
Espinafre baby (975 g)
Framboesa (450 g)
Limão-siciliano (1)
Limão-taiti (6)
Grapefruit (9)
Papaia (2 kg, picado)
Coentro (1 maço)
Iogurte de baunilha (280 g)

Despensa
Azeite (160 ml)
Óleo de coco (3 cols. sopa)
Lentilha puy (600 g)
Coco seco em flocos e sem açúcar (225 g)
Água (10,7 litros)
Água de coco (1,9 litro)
Sementes de cânhamo (8 cols. sopa)
Purê de tomate (4½ cols. chá)
Tomate grelhado picado (400 g)
Feijão-preto (2 latas de 400 g)
Xarope de agave (2 cols. sopa)
Espirulina em pó (4½ cols. chá)
Pimenta vermelha em pó (4½ col. chá)
Coentro em pó (2¼ cols. chá)
Cominho em pó (2¼ cols. chá)
Sal
Pimenta-do-reino

Eventuais alternativas para ingredientes são indicadas nas respectivas receitas.

Detox de 5 dias para o sistema digestório

PREPARO

1 SEMANA ANTES

★ Prepare a **Sopa de lentilha** (três receitas); congele em porções de 500 ml.
RECEITA NA P. 113

★ Prepare a **Sopa de abóbora-cheirosa com feijão-preto** (três receitas); congele em porções de 500 ml.
RECEITA NA P. 148

★ Elimine alimentos processados e açúcar de sua dieta. Procure consumir produtos integrais.

3 DIAS ANTES

★ Prepare a **Sopa de erva-doce e abobrinha** (três receitas); congele em porções de 500 ml.
RECEITA NA P. 129

★ Prepare a **Sopa de grapefruit e erva-doce** (três receitas); congele em porções de 500 ml.
RECEITA NA P. 114

★ Elimine os laticínios de sua alimentação diária.

★ Procure basear as refeições em vegetais, complementando com peixe, grãos e leguminosas.

1 DIA ANTES

★ Prepare a **Sopa de papaia e espinafre** (três receitas); mantenha na geladeira em porções de 500 ml (não congele).
RECEITA NA P. 71

★ Prepare a **Sopa de framboesa com coco** (duas receitas); mantenha na geladeira ou congele em porções de 250 ml.
RECEITA NA P. 87

★ Transfira as sopas congeladas do freezer para a geladeira, para descongelar.

★ Elimine todas as proteínas animais sólidas de sua alimentação.

★ Consuma refeições à base de vegetais, com um pouco de leguminosas, grãos e oleaginosas.

★ Beba pelo menos 8 copos de água.

DURANTE O DETOX

SOPAS DIÁRIAS

CAFÉ DA MANHÃ
Sopa de papaia e espinafre (500 ml)

LANCHE
Sopa de erva-doce e abobrinha (500 ml)

ALMOÇO
Sopa de lentilha (500 ml)

LANCHE
Sopa de grapefruit e erva-doce (500 ml)

JANTAR
Sopa de abóbora-cheirosa com feijão-preto (500 ml)

SOBREMESA
Sopa de framboesa com coco (250 ml)

ALTERNATIVAS
Sopa de cogumelo e painço
RECEITA NA P. 141

Sopa de beterraba e laranja
RECEITA NA P. 40

REFORÇO AO DETOX

★ Beba 2 copos de água alcalina entre as refeições (p. 35).

★ Faça 30-60 minutos de exercícios leves a moderados diariamente. Praticar ioga, em particular, é muito bom para melhorar a digestão.

CALDO DE
OSSOS BOVINOS COM GENGIBRE

Quanto mais você cozinha esse **caldo intenso e saboroso**, mais **nutrientes e minerais** são extraídos dos ossos. O **gengibre** dá um toque picante, mas pode ser omitido no preparo de uma **receita básica**. Sirva quente.

PREPARO
10 a 48 horas

RENDIMENTO
Rende 2 litros
Porções de 500 ml

ARMAZENAMENTO
5 dias na geladeira
8 semanas no freezer

INGREDIENTES

- 2 kg de ossos bovinos (pescoço, juntas, costela)
- 4 cols. (sopa) de azeite
- 3 litros de água
- 2 cols. (sopa) de vinagre de maçã
- 150 g de cebola picada
- 150 g de cenoura picada
- 100 g de aipo picado
- 8 dentes de alho descascados
- 1 folha de louro
- 3 cols. (sopa) de purê de tomate
- ½ maço de salsa
- 4 cols. (sopa) de gengibre ralado
- sal e pimenta-do-reino moída na hora

CADA PORÇÃO CONTÉM

calorias	64
gorduras totais	0 g
colesterol	0 mg
sódio	65 mg
carboidratos	14 g
fibras	3 g
açúcar	6 g
proteínas	2 g

PREPARO

1. Preaqueça o forno a 230°C e forre uma assadeira com papel-alumínio. Em uma tigela grande, unte os ossos com o azeite. Transfira para a assadeira e asse por 20-30 minutos (isso intensifica o sabor do caldo).

2. Com cuidado (use um pegador), transfira os ossos para uma panela grande. Junte a água, cobrindo os ossos em pelo menos 7,5 cm a 10 cm. Acrescente o vinagre. Cozinhe em fogo médio-alto até começar a ferver.

3. Reduza a chama, tampe e cozinhe por 9-48 horas. Cheque com frequência para remover as impurezas que sobem à superfície e acrescentar mais água, mantendo os ossos cobertos.

4. Duas horas antes de retirar o caldo do fogo, junte a cebola, a cenoura, o aipo, o alho, o louro, o purê de tomate e a salsa. Cozinhe em fogo baixo pelas 2 horas restantes e retire do fogo.

5. Coe o caldo, descartando os vegetais e os ossos. Misture o gengibre e leve à geladeira. Quando estiver frio, retire a gordura solidificada na superfície. Aqueça antes de servir e, se necessário, tempere com sal e pimenta-do-reino.

A salsa enriquece o caldo com vitaminas C e K.

CALDO DE LEGUMES ASSADOS

Aqui o caldo ganha **sabor mais intenso** com os **vegetais assados** e caramelizados. Rende uma **base vegana robusta** para sopas e cozidos – ou para consumir puro. Sirva quente.

PREPARO
1h35

RENDIMENTO
Rende 1,5 litro
Porções de 500 ml

ARMAZENAMENTO
5 dias na geladeira
8 semanas no freezer

INGREDIENTES

- 115 g de cenoura picada
- 175 g de alho-poró picado
- 75 g de aipo picado
- 35 g de cogumelo-de-paris picado
- 8 dentes de alho descascados
- 2 cols. (sopa) de azeite
- 2 cols. (sopa) de purê de tomate
- 2 litros de água
- 5 talos de salsa
- 3 talos de tomilho
- 1 col. (chá) de pimenta-do-reino em grãos
- 1 folha de louro
- sal e pimenta-do-reino moída na hora

PREPARO

1. Preaqueça o forno a 220°C. Coloque a cenoura, o alho-poró, o aipo, o cogumelo e o alho em uma assadeira. Regue com o azeite e misture. Asse por 20 minutos, ou até os vegetais começarem a dourar.

2. Retire os vegetais e reserve. Coloque a assadeira sobre dois queimadores do fogão ajustados para fogo médio. Junte 250 ml de água para deglacear, raspando o fundo com uma colher de pau e soltando os pedacinhos de legumes assados.

3. Transfira o líquido para uma panela e acrescente a água restante, os vegetais assados, o purê de tomate, a salsa, o tomilho, os grãos de pimenta-do-reino e a folha de louro. Aqueça em fogo alto, até ferver. Reduza a chama, tampe e cozinhe por 45 minutos.

4. Coe o caldo e descarte os vegetais. Retire qualquer resíduo de gordura e tempere com sal e pimenta-do-reino a gosto.

CADA PORÇÃO CONTÉM

calorias	27	carboidratos	3 g
gorduras totais	1 g	fibras	1 g
colesterol	0 mg	açúcar	2 g
sódio	203 mg	proteínas	1 g

CALDO DE OSSOS BOVINOS E DE AVES

A **mistura de ossos** dá um **sabor mais profundo,** complexo e encorpado a essa receita. **Revigorante,** é excelente puro ou como **base para outras sopas.** Sirva quente.

PREPARO
10 a 36 horas

RENDIMENTO
Rende 2 litros
Porções de 500 ml

ARMAZENAMENTO
5 dias na geladeira
8 semanas no freezer

INGREDIENTES

- 4 cols. (sopa) de azeite
- 680 g de ossos bovinos (pescoço, juntas, costela)
- 680 g de ossos de peru (pescoço, costas)
- 680 g de ossos de frango (pescoço, costas, pés)
- 3 litros de água
- 2 cols. (sopa) de vinagre de maçã
- 150 g de cebola picada
- 150 g de cenoura picada
- 100 g de aipo picado
- 8 dentes de alho inteiros
- 1 folha de louro
- 3 cols. (sopa) de purê de tomate
- ½ maço de salsa
- sal e pimenta-do-reino moída na hora

PREPARO

1. Preaqueça o forno a 200°C e forre uma assadeira com papel-alumínio. Misture os ossos com o azeite e espalhe-os na assadeira. Asse por 20-30 minutos.

2. Com cuidado (use um pegador), transfira os ossos para uma panela grande. Junte a água, cobrindo tudo com pelo menos 7,5 cm a 10 cm. Acrescente o vinagre. Cozinhe em fogo médio-alto até começar a ferver.

3. Reduza a chama, tampe e cozinhe por 9-36 horas. Cheque com frequência para remover as impurezas que sobem à superfície e acrescentar mais água, mantendo os ossos cobertos.

4. Duas horas antes de retirar o caldo do fogo, junte a cebola, a cenoura, o aipo, o alho, o louro, o purê de tomate e a salsa. Cozinhe em fogo baixo pelas 2 horas restantes.

5. Coe o caldo, descartando os vegetais e os ossos. Tempere com sal e pimenta-do-reino a gosto.

CADA PORÇÃO CONTÉM

calorias	14	carboidratos	3 g
gorduras totais	0 g	fibras	1 g
colesterol	0 mg	açúcar	2 g
sódio	306 mg	proteínas	1 g

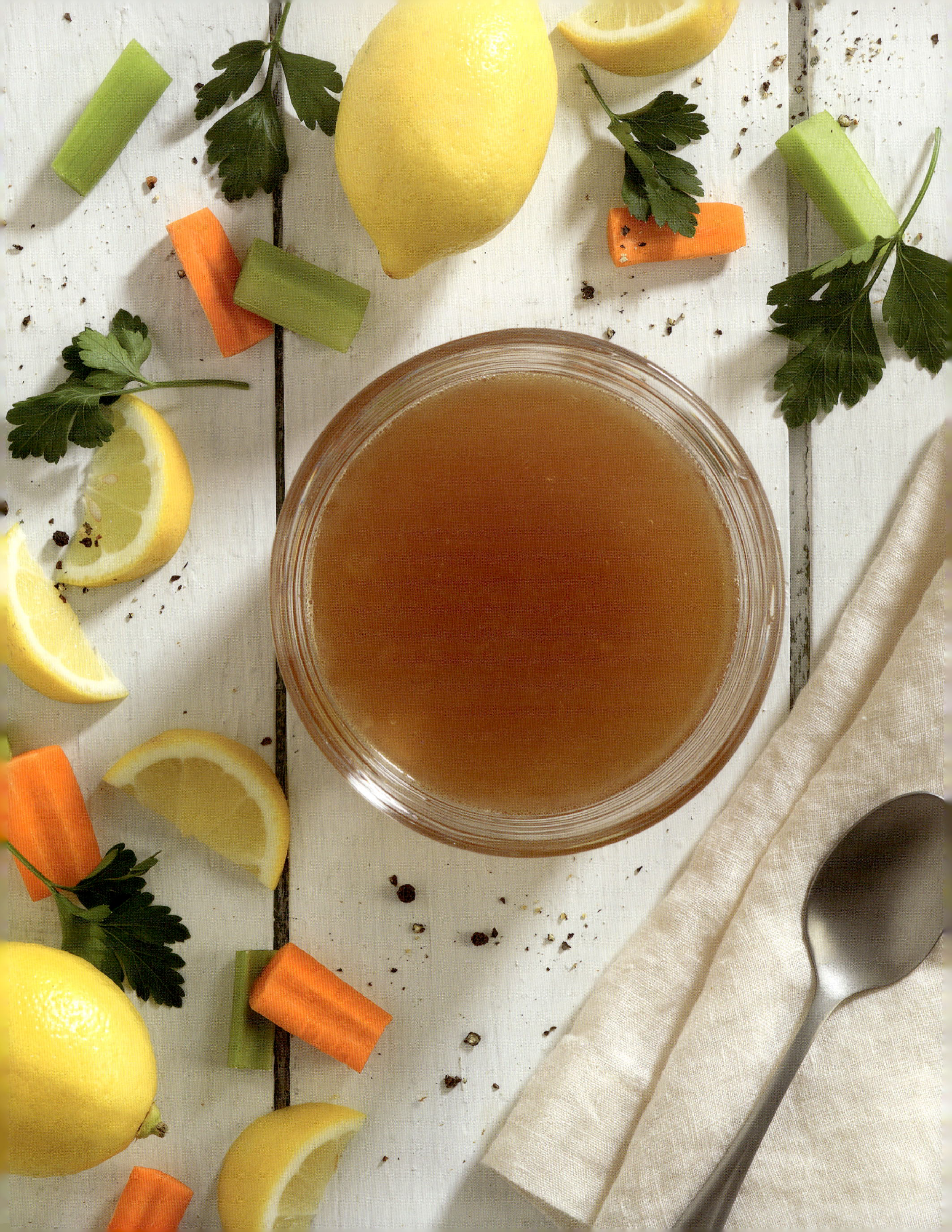

CALDO DE TAMARI E LIMÃO-SICILIANO

Essa receita **leve e purificante** restaura e hidrata. Rica em **vitaminas e minerais**, exibe a **intensidade** do tamari e a **leve acidez** do limão-siciliano. Sirva quente.

PREPARO
1h20

RENDIMENTO
Rende 1 litro
Porções de 500 ml

ARMAZENAMENTO
5 dias na geladeira
8 semanas no freezer

INGREDIENTES

- 1 col. (sopa) de azeite
- 150 g de cebola picada
- 150 g de cenoura picada, mais 75 g em tirinhas
- 100 g de aipo picado
- 3 dentes de alho
- 30 g de salsa picada
- 1 folha de louro
- 1,5 litro de água
- 120 ml de suco de limão-siciliano
- 2 cols. (sopa) de molho tamari
- 50 g de cogumelo* picado
- 85 g de espinafre baby

* Podem ser usados cogumelos shiitake ou shimeji.

PREPARO

1. Em uma panela média, aqueça o azeite em fogo moderado por 2 minutos. Junte a cebola, a cenoura picada e o aipo. Refogue por cerca de 5 minutos, até os vegetais começarem a ficar macios.

2. Acrescente a água, aumente o fogo e espere ferver. Adicione o alho, a salsa e a folha de louro. Reduza a chama, tampe e cozinhe por 45 minutos. Retire do fogo.

3. Coe o caldo e descarte os vegetais. Coloque o suco de limão, o molho tamari, a cenoura em tirinhas, o cogumelo e o espinafre. Tampe e reserve por 10 minutos, para os vegetais ficarem macios.

CADA PORÇÃO CONTÉM

calorias	150
gorduras totais	4 g
colesterol	0 mg
sódio	1.102 mg
carboidratos	28 g
fibras	6 g
açúcar	10 g
proteínas	6 g

Caldos e consomês

CALDO DE
CÚRCUMA COM COENTRO

O **caldo caseiro feito com ossos** é a base para esse **tônico saudável** que tem a **cor vibrante da cúrcuma**, conhecida por suas propriedades anti-inflamatórias e por ajudar a **levantar o humor**. Sirva quente.

PREPARO
40 minutos

RENDIMENTO
Rende 2 litros
Porções de 500 ml

ARMAZENAMENTO
5 dias na geladeira
8 semanas no freezer

INGREDIENTES

1½ col. (sopa) de azeite
50 g de aipo picado
75 g de cenoura picada
35 g de gengibre picado
8 dentes de alho
2 litros de Caldo de ossos bovinos e de aves (p. 169)
5 cm de cúrcuma ralada
2 cols. (sopa) de molho tamari
2 cols. (chá) de sementes de coentro

PREPARO

1. Em uma panela grande, aqueça o azeite em fogo médio por 2 minutos. Junte o aipo, a cenoura, o gengibre e o alho; refogue por 5 minutos.

2. Acrescente o Caldo de ossos bovinos e de aves, a cúrcuma, o molho tamari e o coentro. Aumente o fogo e espere ferver. Reduza a chama, tampe e cozinhe por 20 minutos. Retire do fogo.

3. Coe o caldo em uma peneira ou escorredor forrado com musselina e descarte os vegetais.

CADA PORÇÃO CONTÉM

calorias	84
gorduras totais	2 g
colesterol	10 mg
sódio	618 mg
carboidratos	11 g
fibras	2 g
açúcar	4 g
proteínas	5 g

Para fazer... uma versão vegana ou vegetariana, use o Caldo de shiitake e gengibre (p. 162) no lugar do caldo de ossos.

CALDO DE TOMATE COM ENDRO

A **erva-doce** acentua a **doçura natural do tomate** nessa receita delicada, e o **endro cítrico** acrescenta aroma. A pimenta vermelha em flocos deixa o caldo **suavemente picante** e **acelera o metabolismo**. Sirva quente.

PREPARO
1h10

RENDIMENTO
Rende 2 litros
Porções de 500 ml

ARMAZENAMENTO
5 dias na geladeira
8 semanas no freezer

INGREDIENTES

- 2 cols. (sopa) de azeite
- 50 g de cebola picada
- 30 g de aipo picado
- 50 g de cenoura picada
- 1 xícara (chá) de erva-doce (bulbo e ramos) picada
- 3 dentes de alho amassados
- 400 g de tomate grelhado picado (p. 138)
- ½ col. (chá) de pimenta vermelha em flocos
- 2 litros de água
- sal e pimenta-do-reino moída na hora
- 3 cols. (sopa) de endro fresco bem picado

PREPARO

1. Em uma panela grande, aqueça 1 colher (sopa) de azeite em fogo médio por 2 minutos. Junte a cebola, o aipo, a cenoura, a erva-doce e o alho. Refogue por cerca de 5 minutos, até a cebola ficar translúcida. Acrescente o tomate e a pimenta vermelha; refogue por mais 5 minutos.

2. Adicione a água, aumente o fogo e espere ferver. Reduza a chama, tampe e cozinhe por 40 minutos.

3. Aos poucos, transfira o caldo para o liquidificador e bata até ficar homogêneo. Coe em uma peneira fina e descarte os sólidos.

4. Tempere com sal e pimenta-do-reino a gosto. Finalize com o endro e regue com o azeite restante.

CADA PORÇÃO CONTÉM

calorias	107	carboidratos	10 g
gorduras totais	7 g	fibras	3 g
colesterol	0 g	açúcar	5 g
sódio	561 g	proteínas	2 g

CONSOMÊ DE
FRANGO COM ERVAS

O simples caldo de frango torna-se refinado com **técnicas clássicas francesas** – o resultado é um **consomê delicado** com surpreendente intensidade de sabor, **polvilhado com ervas frescas**. Sirva quente.

PREPARO
1h40

RENDIMENTO
Rende 1,5 litro
Porções de 500 ml

ARMAZENAMENTO
5 dias na geladeira
8 semanas no freezer

INGREDIENTES

3 ramos de tomilho picados
2 ramos de salsa
1 folha de louro
½ col. (chá) de pimenta-do--reino em grãos
5 claras geladas
50 g de aipo picado
150 g de cenoura picada
150 g de cebola picada
450 g de carne de frango moída
2 litros de Caldo de galinha picante (p. 156) gelado
1 col. (sopa) de cebolinha picada
½ col. (chá) de alecrim fresco

CADA PORÇÃO CONTÉM

calorias	75
gorduras totais	18 g
colesterol	175 mg
sódio	625 mg
carboidratos	13 g
fibras	2 g
açúcar	8 g
proteínas	47 g

PREPARO

1. Monte um sachê de especiarias em um pedaço de musselina: faça uma trouxinha com dois ramos de tomilho e de salsa, a folha de louro e os grãos de pimenta-do-reino.

2. Em uma tigela pequena, bata levemente as claras, até espumar.

3. Em uma panela grande, misture as claras, o aipo, a cenoura, a cebola, o frango, o caldo de frango e o sachê de especiarias. Deixe ferver em fogo médio-alto, mexendo de vez em quando. Depois de 20 minutos, uma espuma deve surgir na superfície.

4. Reduza o fogo e deixe ferver em temperatura bem baixa. Com uma colher, abra um orifício no meio da espuma para permitir que o caldo borbulhe. Regue a espuma com o líquido, sem quebrá-la, a cada 15 minutos.

5. Cozinhe por cerca de 1 hora, até o caldo ficar claro e saboroso. Retire do fogo. Forre uma peneira com musselina ou filtro de café e coloque sobre uma tigela ou panela grande. Coe com cuidado, retirando o líquido com uma concha pelo orifício aberto na espuma.

6. O consomê coado deve ser claro e livre de impurezas. Polvilhe com a cebolinha, o alecrim e o tomilho restante.

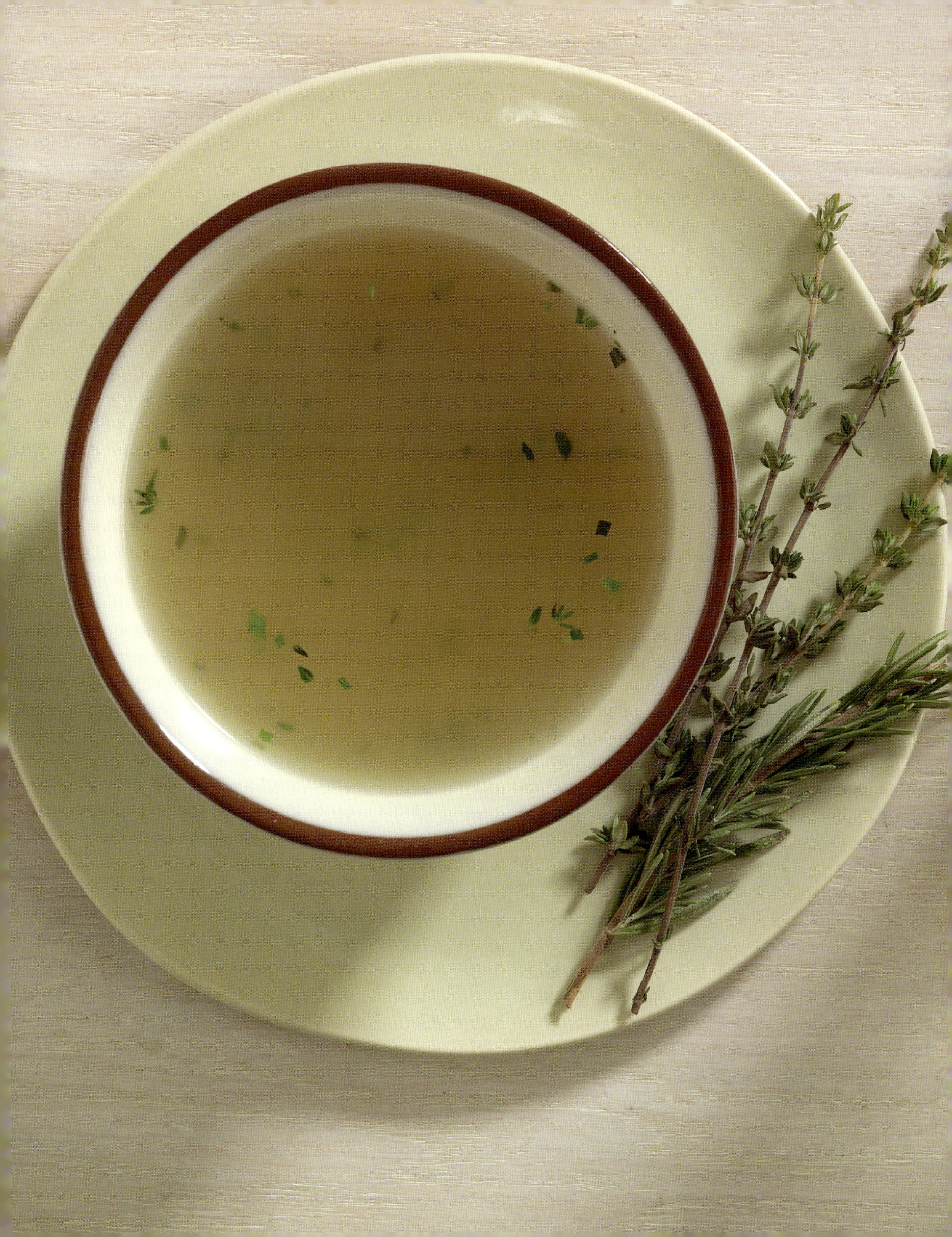

DETOX ANTI-INFLAMATÓRIO DE 3 DIAS

Uma inflamação crônica pode provocar um efeito dominó e afetar sua saúde de modo geral. Está diretamente ligada à alimentação, e escolhas equivocadas, como produtos ricos em açúcar, gordura saturada ou trans, carboidratos refinados, glutamato monossódico e aspartame, podem piorar a situação. Use esse detox para combater o problema e também para revigorar o organismo.

Siga por três dias. Depois disso, promova um dia de detox semanalmente ou acrescente as sopas desse programa à sua alimentação diária.

Passe as sopas do freezer para a geladeira no máximo dois ou três dias antes de consumir. As que não podem ser congeladas devem ser preparadas um ou dois dias antes do consumo.

Lista de compras

Geladeira/Freezer
Couve (60 g, picada)
Espinafre baby (85 g)
Cebola (3)
Cebola roxa (1)
Cenoura (5)
Aipo (8 talos)
Pimentão vermelho (1)
Pimentão amarelo (1)
Pimentão laranja (1)
Pepino (1)
Beterraba (2 grandes)
Alho (15 dentes)
Erva-doce (1 bulbo)
Gengibre fresco (7,5 cm)
Kiwi (4)
Maçã (6)
Limão-taiti (6)
Uva verde (175 g, cortada ao meio)
Hortelã (6 cols. chá, amassada)
Salsa (1 maço)
Ossos bovinos (675 g)
Ossos de peru (675 g)
Ossos de frango (675 g)

Despensa
Azeite (175 ml)
Vinagre de maçã (4 cols. sopa)
Vinagre de vinho tinto (2 cols. sopa)
Água mineral ou filtrada (5,7 litros)
Xarope de agave (4 cols. chá)
Amaranto (350 g, cozido)
Freekeh (100 g, cozido)
Quinoa (85 g, cozida)
Purê de tomate (3 cols. sopa)
Tomate pelado picado (4 latas de 400 g)
Suco de tomate (750 ml)
Água de coco (960 ml)
Paus de canela (6)
Folha de louro (1)
Sal
Pimenta-do-reino

Eventuais alternativas para ingredientes são indicadas nas respectivas receitas.

Detox anti-inflamatório de 3 dias

PREPARO

1 SEMANA ANTES

★ Prepare o **Caldo de ossos bovinos e de aves** (uma receita); congele em porções de 500 ml.
RECEITA NA P. 169

★ Prepare a **Sopa de grãos ancestrais** (duas receitas); congele em porções de 500 ml.
RECEITA NA P. 134

★ Elimine alimentos processados e açúcar de sua dieta. Procure consumir produtos integrais.

3 DIAS ANTES

★ Prepare o **Gaspacho de kiwi e couve** (duas receitas); congele em porções de 250 ml.
RECEITA NA P. 36

★ Prepare a **Sopa de maçã e amaranto** (duas receitas); congele em porções de 500 ml.
RECEITA NA P. 100

★ Elimine os laticínios de sua alimentação diária.

★ Procure basear as refeições em vegetais, complementando com peixe, grãos e leguminosas.

1 DIA ANTES

★ Prepare a **Sopa de beterraba com erva-doce** (duas receitas); mantenha na geladeira ou congele em porções de 500 ml.
RECEITA NA P. 58

★ Prepare o **Gaspacho misto** (duas receitas); mantenha na geladeira ou congele em porções de 500 ml.
RECEITA NA P. 85

★ Transfira as sopas congeladas do freezer para a geladeira, para descongelar.

★ Elimine todas as proteínas animais sólidas de sua alimentação.

★ Consuma refeições à base de vegetais, com um pouco de grãos, leguminosas e oleaginosas.

★ Beba pelo menos 8 copos de água.

DURANTE O DETOX

SOPAS DIÁRIAS

CAFÉ DA MANHÃ
Sopa de maçã e amaranto (500 ml)

LANCHE
Caldo de ossos bovinos e de aves (500 ml)

ALMOÇO
Gaspacho misto (500 ml)

LANCHE
Sopa de beterraba com erva-doce (500 ml)

JANTAR
Sopa de grãos ancestrais (500 ml)

SOBREMESA
Gaspacho de kiwi e couve (250 ml)

ALTERNATIVAS
Sopa de batata-doce com gengibre (lanche)
RECEITA NA P. 96

Sopa de morango e ruibarbo (sobremesa)
RECEITA NA P. 54

REFORÇO AO DETOX

★ Beba 2 copos de água alcalina entre as refeições (p. 35).

★ Faça 30-60 minutos de exercícios leves a moderados diariamente, de preferência pilates ou ioga.

A combinação de cebola, cenoura e aipo que tradicionalmente forma a base de muitas sopas é chamada mirepoix.

CALDO DE LEGUMES COM MANJERICÃO

Essa receita é um **elixir perfeito** para o frio. Para fazer uma **base de legumes versátil** e usar em outras sopas, congele uma porção depois de coar, excluindo o **limão e o manjericão**. Sirva quente.

PREPARO
1 hora

RENDIMENTO
Rende 2 litros
Porções de 500 ml

ARMAZENAMENTO
5 dias na geladeira
8 semanas no freezer

INGREDIENTES

1 col. (sopa) de azeite
300 g de cebola picada
100 g de aipo picado
150 g de cenoura picada
8 dentes de alho inteiros
6 ramos de salsa
2 litros de água
1 folha de louro
1 col. (sopa) de pimenta-do-reino em grãos
suco de 4 limões-sicilianos
sal e pimenta-do-reino moída na hora
½ xícara (chá) de manjericão bem picado

PREPARO

1. Em uma panela grande, aqueça o azeite em fogo médio por 2 minutos. Junte a cebola, o aipo, a cenoura e o alho. Refogue por cerca de 5 minutos, até a cebola ficar translúcida.

2. Acrescente a água, a salsa, a folha de louro e os grãos de pimenta-do-reino. Aumente o fogo e espere ferver. Reduza a chama, tampe e cozinhe por 40 minutos. Retire do fogo.

3. Coe o caldo e descarte os sólidos. Adicione o suco de limão e tempere com sal e pimenta-do-reino a gosto. Deixe esfriar um pouco antes de juntar o manjericão, para evitar que perca a cor.

Para acelerar... o metabolismo, junte ao caldo pimenta-jalapeño ou serrano (p. 15) em fatias bem finas.

CADA PORÇÃO CONTÉM

calorias	17
gorduras totais	0 g
colesterol	0 mg
sódio	293 mg
carboidratos	6 g
fibras	1 g
açúcar	1 g
proteínas	1 g

CONSOMÊ DE
TOMATE GELADO

Essa sopa **leve e fresca** captura a **essência dos tomates de verão**, acentuada pelas **notas herbáceas frescas** do manjericão, do estragão e da cebolinha. Boa para uma **refeição ou lanche da tarde**. Sirva fria.

PREPARO
4-6 horas

RENDIMENTO
Rende 1,5 litro
Porções de 500 ml

ARMAZENAMENTO
4 dias na geladeira
8 semanas no freezer

INGREDIENTES

1 kg de tomate maduro sem sementes picado

2 xícaras (chá) de erva-doce (bulbo e ramos) bem picada

2 dentes de alho inteiros

300 g de cebola picada

2 cols. (chá) de vinagre de xerez

2 cols. (sopa) de azeite

2 cols. (sopa) de manjericão bem picado

1 col. (sopa) de estragão bem picado

1 col. (sopa) de cebolinha picada

sal

PREPARO

1. Coloque o tomate, a erva-doce, o alho e a cebola no liquidificador ou processador. Bata até obter uma mistura homogênea.

2. Forre uma tigela grande de vidro ou cerâmica com uma camada dupla de musselina. Transfira o purê de vegetais para o pano, junte as quatro pontas e amarre em uma colher de pau. Coloque a colher sobre a tigela, para apoiar o tecido e permitir que o líquido escorra sobre a vasilha.

3. Transfira a tigela para a geladeira e deixe por 4-6 horas, ou até a maior parte do líquido escorrer (deve render cerca de 1,5 litro). Descarte a musselina e a polpa.

4. Antes de servir, misture o vinagre, o azeite, o manjericão, o estragão, a cebolinha e uma pitada de sal.

CADA PORÇÃO CONTÉM

calorias	216
gorduras totais	10 g
colesterol	0 mg
sódio	248 mg
carboidratos	30 g
fibras	8 g
açúcar	16 g
proteínas	6 g

Experimente preparar... o caldo com outras ervas ou sabores cítricos. Tente endro com cebolinha ou coentro com raspas de limão-taiti.

Para obter um bom rendimento, use variedades suculentas de tomate, com grande quantidade de polpa.

CALDO
VUELVE A LA VIDA

Volte à vida com esse **caldo picante e reanimador**. O cominho **aumenta a imunidade** e **facilita a digestão**, enquanto a pimenta moída auxilia nas congestões e **acelera o metabolismo**. Sirva quente.

PREPARO
1h10

RENDIMENTO
Rende 2 litros
Porções de 500 ml

ARMAZENAMENTO
5 dias na geladeira
8 semanas no freezer

INGREDIENTES

1 col. (sopa) de azeite
225 g de cebola picada
150 g de cenoura picada
100 g de aipo picado
8 dentes de alho inteiros
4 cols. (sopa) de purê de tomate
2 litros de água
5 ramos de salsa
1½ col. (chá) de pimenta-ancho (p. 102)
1 col. (sopa) de cominho em pó
¾-½ col. (chá) de pimenta de árbol ou caiena em pó
sal
suco de 4 limões-taiti
4 cols. (sopa) de coentro picado

PREPARO

1. Em uma panela grande, aqueça o azeite em fogo médio por 2 minutos. Refogue a cebola, a cenoura, o aipo e o alho por cerca de 5 minutos, até a cebola ficar translúcida. Junte o purê de tomate e refogue por mais 5 minutos.

2. Acrescente a água e a salsa. Aumente o fogo e espere ferver, então reduza e cozinhe em fogo baixo. Adicione a pimenta-ancho, o cominho e a pimenta de árbol (use a quantidade desejada). Tampe e cozinhe por mais 40 minutos.

3. Coe em uma peneira ou escorredor forrado com musselina; descarte os sólidos. Tempere com uma pitada de sal e suco de limão-taiti. Antes de servir, decore com o coentro.

Para fazer...
Sopa de tortilha, junte 225 g de tomate grelhado picado (p. 138), 125 g de feijão-preto, 1 avocado em fatias e um punhado de chips de tortilha esmagados.

CADA PORÇÃO CONTÉM

calorias	38
gorduras totais	2 g
colesterol	0 mg
sódio	88 mg
carboidratos	6 g
fibras	1 g
açúcar	2 g
proteínas	2 g

Pimentas vermelhas reduzem o colesterol e contribuem para a saúde do sistema cardiovascular.

Prepare diversas porções do caldo e congele para ter sempre à mão.

CALDO DE MILHO-VERDE

Esse **caldo vegano doce e saboroso** é perfeito para consumir puro ou usar como **base para sopas** e **para cozinhar grãos**. Além de **rico em minerais**, fornece **vitamina C** e **folato**. Sirva quente.

PREPARO
1h10

RENDIMENTO
Rende 1,5 litro
Porções de 500 ml

ARMAZENAMENTO
5 dias na geladeira
8 semanas no freezer

INGREDIENTES

1 col. (sopa) de óleo de coco
50 g de aipo picado
75 g de cebola picada
6 espigas de milho-verde (retire os grãos e reserve as espigas)
2 ramos de tomilho
2 ramos de salsa
1 folha de louro
1 col. (chá) de pimenta-do-reino em grãos
2 litros de água
sal

PREPARO

1. Em uma panela grande, aqueça o óleo de coco em fogo médio por 2 minutos. Refogue o aipo e a cebola por cerca de 5 minutos, até ficarem translúcidos.

2. Junte os grãos de milho, as espigas debulhadas, o tomilho, a salsa, a folha de louro, a pimenta-do-reino e a água. Aumente o fogo e espere ferver. Reduza a chama, tampe e cozinhe por 40 minutos.

3. Coe e descarte os sólidos. Tempere o caldo com sal a gosto.

Reserve...
100 g de grãos de milho e bata com o caldo para obter mais fibras e uma textura mais densa.

CADA PORÇÃO CONTÉM

calorias	16
gorduras totais	1 g
colesterol	0 mg
sódio	99 mg
carboidratos	1 g
fibras	0 g
açúcar	0 g
proteínas	0 g

ÍNDICE

A

abacaxi
  Sopa de abacaxi e couve, 82-3
  Sopa de pêssego e vegetais, 74
abóbora-cabochan
  Sopa de abóbora e cranberry, 103
abóbora-cheirosa
  Sopa de abóbora-cheirosa com curry, 90-1
  Sopa de abóbora-cheirosa com feijão-preto, 148-9
  Sopa de raízes e vegetais de inverno, 130-1
abobrinha
  Sopa de abobrinha com manjericão, 64-5
  Sopa de abobrinha picante, 39
  Sopa de erva-doce e abobrinha, 128-9
acelga-chinesa
  Sopa de capim-santo picante, 120
água: que tipo usar, 15
água de coco, 15
  Sopa cítrica com lavanda, 150-1
  Sopa de abacaxi e couve, 82-3
  Sopa de amêndoa com cacau, 94-5
  Sopa de beterraba com erva-doce, 58-9
  Sopa de grapefruit e erva-doce, 114-5
  Sopa de morango com chia, 44-5
  Sopa de papaia e espinafre, 71
  Sopa de pêssego com manjericão, 70
  Sopa de pêssego e vegetais, 74
água purificada, 14
aipo, 15
  Caldo de cúrcuma com coentro, 172
  Caldo de galinha picante, 156-7
  Caldo de legumes assados, 168
  Caldo de legumes com manjericão, 178-9
  Caldo de milho-verde, 184-5
  Caldo de ossos bovinos com gengibre, 166-7
  Caldo de ossos bovinos e de aves, 169
  Caldo de tamari e limão-siciliano, 170-1
  Caldo de tomate com endro, 173
  Caldo vuelve a la vida, 182-3
  Consomê de frango com ervas, 174-5
  Sopa de alcachofra e manjericão, 75
  Sopa de batata-doce com noz-moscada, 152-3
  Sopa de cogumelo e freekeh, 124-5
  Sopa de couve e pimentão, 32-3
  Sopa de ervilha seca com couve, 121
  Sopa de espinafre e feijão-branco, 42
  Sopa de feijão-preto picante, 102
  Sopa de grãos ancestrais, 134-5
  Sopa de lentilha, 112-3
  Sopa de tupinambo assado, 136
  Sopa de vegetais da primavera, 43
  Sopa de verduras detox, 116-7
aipo-rábano
  Sopa de maçã e aipo-rábano, 108-9
  Sopa de raízes e vegetais de inverno, 130-1
Alcachofra
  Sopa de alcachofra e manjericão, 75
Alface
  Sopa de avocado e rúcula, 28-9
  Sopa de verduras com gengibre, 48-9
alho, como armazenar, 15
alho-poró
  Caldo de legumes assados, 168
  Sopa de cogumelo e freekeh, 124-5
  Sopa de couve-flor trufada, 92-3
  Sopa de lentilha, 112-3
  Sopa de vegetais da primavera, 43
alimentos enlatados ou congelados, 14
alimentos sólidos, 21
amaranto
  Sopa de grãos ancestrais, 134-5
  Sopa de maçã e amaranto, 100-1
amêndoa
  Sopa de amêndoa chai, 140
  Sopa de amêndoa com cacau, 94-5
  Sopa romesco com pimentão vermelho, 62-3
armazenamento
  alho, 15
  caldos caseiros, 15
  cebola, 15
  despensa, geladeira e freezer, 15
  recipientes para congelar, 18
  sopas, 17-9
  temperos, 15
  vegetais e carnes, 15
aspargo
  Sopa de aspargo com hortelã, 50-1
avocado
  Sopa de avocado e rúcula, 28-9

B

babosa
  Sopa de melancia, babosa e hortelã, 80-1
banana
  Sopa de banana com nozes, 107
batata-doce
  Sopa de batata-doce com gengibre, 96-7
  Sopa de batata-doce com noz-moscada, 152-3
  Sopa de raízes e vegetais de inverno, 130-1
batendo sopas quentes, 16-7
benefícios do detox, 12-3
  para a mente, 13
  para o corpo, 12
  para o sono, 13
beterraba
  Sopa de beterraba com erva-doce, 58-9
  Sopa de beterraba e laranja, 40-1
brócolis
  Sopa de brócolis com rúcula, 142-3

C

cacau *ver* nibs de cacau
café, 21
caldo de carne

Índice

básico, 169
Caldo de cúrcuma com coentro, 172
Caldo de ossos bovinos com gengibre, 166-7
Caldo de ossos bovinos e de aves, 169
como substituto da água, 112-3
caldo de legumes, 43
    Caldo de legumes assados, 168
    Caldo de legumes com gergelim, 158-9
    Caldo de legumes com manjericão, 178-9
    Caldo de milho-verde, 184-5
    Caldo vuelve a la vida, 182-3
    Consomê de tomate gelado, 180-1
caldo de ossos
    base para sopas, 169
    Caldo de cúrcuma com coentro, 172
    Caldo de galinha picante, 156-7
    Caldo de ossos bovinos com gengibre, 166-7
    Caldo de ossos bovinos e de aves, 169
Caldo de shiitake e gengibre, 162-3
Caldo vuelve a la vida, 182-3
caldo/consomê de galinha
    base para sopas, 156-7
    Caldo de cúrcuma com coentro, 172
    Caldo de galinha picante, 156-7
    Caldo de ossos bovinos e de aves, 169
    como substituto da água, 42
    Consomê de frango com ervas, 174-5
caldos básicos
    de galinha, 156-7
    de legumes, 43
    de legumes com manjericão, 178-9
    de ossos bovinos e de aves, 169
caldos industrializados, 14
canela
    Sopa de abóbora e cranberry, 103
    Sopa de amêndoa chai, 140
    Sopa de banana com nozes, 107
    Sopa de grão-de-bico picante, 137
    Sopa de maçã e amaranto, 100-1
    Sopa de pastinaca e maçã, 106
    Sopa de pera com canela, 118-9
capim-santo

Caldo de legumes com gergelim, 158-9
Consomê de cenoura, 160-1
Sopa de capim-santo picante, 120
cardamomo
    Sopa de amêndoa chai, 140
    Sopa de figo e cardamomo, 126-7
castanha-de-caju
    Sopa de figo e cardamomo, 126-7
cebola
    como armazenar, 15
    como escolher, 14
cebolinha
    Sopa de cenoura com azeite de cebolinha, 52-3
    Sopa de milho-verde e cebolinha, 68-9
cenoura, 15
    Consomê de cenoura, 160-1
    Sopa de cenoura com azeite de cebolinha, 52-3
    Sopa de cenoura com curry, 38
    Sopa de cenoura e erva-doce, 146-7
chá-preto
    Sopa de amêndoa chai, 140
clareza mental, 13
coco ralado
    Sopa de amêndoa com cacau, 94-5
    Sopa de framboesa com coco, 86-7
coentro
    Caldo vuelve a la vida, 182-3
    Consomê de cenoura, 160-1
    Sopa de abacaxi e couve, 82-3
    Sopa de abóbora-cheirosa com curry, 90-1
    Sopa de abobrinha picante, 39
    Sopa de avocado e rúcula, 28-9
    Sopa de capim-santo picante, 120
    Sopa de cenoura e erva-doce, 146-7
    Sopa de feijão-preto picante, 102
    Sopa de grão-de-bico picante, 137
    Sopa de milho-verde e pimentão, 76-7
    Sopa de papaia e espinafre, 71
    Sopa de verduras com gengibre, 48-9
    Sopa leve de legumes, 158
cogumelo
    Caldo de legumes assados, 168
    Caldo de shiitake e gengibre, 162-3

Caldo de tamari e limão-siciliano, 170-1
Sopa de cogumelo e freekeh, 124-5
Sopa de cogumelo e painço, 141
Sopa leve de legumes, 158
cogumelo-de-paris
    Caldo de legumes assados, 168
cogumelo portobello
    Sopa de cogumelo e freekeh, 124-5
    Sopa de cogumelo e painço, 141
cogumelo shiitake
    Caldo de shiitake e gengibre, 162-3
    Sopa de cogumelo e freekeh, 124-5
congelamento
    caldos, 15
    sopas, 17-9
consomê, 16
    de cenoura, 160-1
    de frango com ervas, 174-5
    de tomate gelado, 180-1
controle do apetite, 13
couve
    Gaspacho de kiwi e couve, 36-7
    Sopa de abacaxi e couve, 82-3
    Sopa de couve e pimentão, 32-3
    Sopa de ervilha seca com couve, 121
    Sopa de espinafre e feijão-branco, 42
    Sopa de verduras detox, 116-7
couve-flor
    Sopa de couve-flor trufada, 92-3
    Sopa de tupinambo assado, 136
couve toscana, 36
cozinhar e dividir em porções, 18
cranberry, sopa de abóbora e, 103
cúrcuma, 15
    Caldo de cúrcuma com coentro, 172
    Sopa de batata-doce com gengibre, 96-7

D

descongelando sopas, 17
desintoxicação, 12
detox
    anti-inflamatório, 176-7
    benefícios, 10, 12-3
    escolha um detox, 20
    orientações, 22
    para acelerar o metabolismo, 34-5
    para alcalinizar, 98-9
    para aumentar a energia, 46-7

para aumentar a imunidade, 144-5
para hidratar, 78-9
para melhorar a aparência, 110-1
para o sistema digestório, 164-5
para perder peso, 66-7
para purificar, 132-3
preparando-se para um detox, 20
dieta à base de sopas
  benefícios para o corpo e a mente, 12-3
  efeitos benéficos, 10
  por que sopas?, 10
  sopas *versus* sucos, 11
dor de cabeça, 13

E

endro, 173
  Caldo de tomate com endro, 173
  Sopa de pepino com ervas, 72-3
equilíbrio emocional, 13
equipamentos e utensílios, 16
erva-doce
  Sopa de beterraba com erva-doce, 58-9
  Sopa de cenoura e erva-doce, 146-7
  Sopa de erva-doce e abobrinha, 128-9
  Sopa de erva-doce e tomate, 104-5
  Sopa de grapefruit e erva-doce, 114-5
ervas
  como armazenar, 15
  frescas ou desidratadas, 14
  Sopa de pepino com ervas, 72-3
  ver também hortelã, manjericão etc.
ervilha
  Sopa de ervilha seca com couve, 121
  Sopa de vegetais da primavera, 43
espinafre, 15
  Caldo de legumes com gergelim, 158-9
  Caldo de tamari e limão-siciliano, 170-1
  Gaspacho de kiwi e couve, 36-7
  Sopa de abobrinha com manjericão, 64-5
  Sopa de alcachofra e manjericão, 75
  Sopa de aspargo com hortelã, 50-1
  Sopa de espinafre e feijão-branco, 42
  Sopa de grão-de-bico picante, 137

Sopa de grapefruit e erva-doce, 114-5
Sopa de papaia e espinafre, 71
Sopa de pêssego e vegetais, 74
Sopa de vegetais da primavera, 43
Sopa de verduras com gengibre, 48-9
Sopa de verduras detox, 116-7
estragão
  Consomê de tomate gelado, 180-1
exercícios, 21

F

feijão-branco, Sopa de espinafre e, 42
feijão-preto
  Caldo vuelve a la vida, 182-3
  Sopa de abóbora-cheirosa com feijão-preto, 148-9
  Sopa de feijão-preto picante, 102
figo
  Sopa de figo e cardamomo, 126-7
fome, 21
framboesa
  Sopa azeda de framboesa, 45
  Sopa de framboesa com coco, 86-7
freekeh
  Sopa de cenoura com azeite de cebolinha, 52-3
  Sopa de cogumelo e freekeh, 124-5
  Sopa de grãos ancestrais, 134-5
frutas vermelhas
  Sopa de abóbora e cranberry, 103
  Sopa de beterraba e laranja, 40-1
  Sopa de framboesa com coco, 86-7
  Sopa de frutas vermelhas poderosa, 30-1
  Sopa de morango com chia, 44-5
  Sopa de morango e ruibarbo, 54-5
  ver também framboesa, morango etc.
funcionamento intestinal, 12

G

gaspacho
  de kiwi e couve, 36-7
  misto de pimentão, 84-5
gengibre, 15
  Caldo de cúrcuma com coentro, 172
  Caldo de legumes com gergelim, 158-9

Caldo de ossos bovinos com gengibre, 166-7
Caldo de shiitake e gengibre, 162-3
Consomê de cenoura, 160-1
Sopa de abóbora e cranberry, 103
Sopa de abóbora-cheirosa com curry, 90-1
Sopa de amêndoa chai, 140
Sopa de batata-doce com gengibre, 96-7
Sopa de beterraba com erva-doce, 58-9
Sopa de beterraba e laranja, 40-1
Sopa de capim-santo picante, 120
Sopa de cenoura com curry, 38
Sopa de maçã e aipo-rábano, 108-9
Sopa de pêssego e vegetais, 74
Sopa de verduras com gengibre, 48-9
gergelim, Caldo de legumes com, 158-9
goji berry
  Sopa de frutas vermelhas poderosa, 30-1
grão-de-bico
  Sopa de grão-de-bico com pimentão, 138-9
  Sopa de grão-de-bico picante, 137
grãos, 15
grãos ancestrais, Sopa de, 134-5
  ver também amaranto, freekeh etc.
grapefruit
  Sopa cítrica com lavanda, 150-1
  Sopa de beterraba com erva-doce, 58-9
  Sopa de grapefruit e erva-doce, 114-5

H

hidratação, 12
hortelã
  Sopa de aspargo com hortelã, 50-1
  Sopa de beterraba com erva-doce, 58-9
  Sopa de melancia, babosa e hortelã, 80-1
  Sopa de pepino com ervas, 72-3
  Sopa de pêssego com manjericão, 70
  Sopa de pêssego e vegetais, 74

Índice

I

ingredientes essenciais, 14-5
    despensa, 15
    geladeira e freezer, 15
iogurte
    Sopa de framboesa com coco, 86-7
iogurte grego
    Sopa cítrica com lavanda, 150-1
    Sopa de cenoura e erva-doce, 146-7
    Sopa de frutas vermelhas poderosa, 30-1
    Sopa de pera com canela, 118-9
    Sopa de pêssego com manjericão, 70

L

laranja
    Sopa cítrica com lavanda, 150-1
    Sopa de beterraba com erva-doce, 58-9
    Sopa de beterraba e laranja, 40-1
    Sopa de grapefruit e erva-doce, 114-5
    Sopa de laranja e frutas vermelhas com manjericão, 40
lavanda, Sopa cítrica com, 150-1
legumes
    Caldo de legumes assados, 168
    Caldo de legumes com gergelim, 158-9
    Caldo de legumes com manjericão, 178-9
    Sopa leve de legumes, 158
    ver também cenoura, abobrinha etc.
leguminosas, 15
    Caldo vuelve a la vida, 182-3
    como armazenar, 15
    Sopa de abóbora-cheirosa com feijão-preto, 148-9
    Sopa de espinafre e feijão-branco, 42
    Sopa de feijão-preto picante, 102
    Sopa de grão-de-bico com pimentão, 138-9
    Sopa de grão-de-bico picante, 137
    Sopa de lentilha, 112-3
leite de coco, 15
    Sopa de abóbora-cheirosa com curry, 90-1
    Sopa de batata-doce com gengibre, 96-7
    Sopa de cenoura com curry, 38
    Sopa de verduras com gengibre, 48-9
leite de coco light, 15
lentilha, Sopa de, 112-3
limão-siciliano, 15
    Caldo de legumes com manjericão, 178-9
    Caldo de tamari e limão-siciliano, 170-1
    Sopa de alcachofra e manjericão, 75
    Sopa de aspargo com hortelã, 50-1
    Sopa de brócolis com rúcula, 142-3
    Sopa de cogumelo e painço, 141
    Sopa de couve e pimentão, 32-3
    Sopa de espinafre e feijão-branco, 42
    Sopa de framboesa com coco, 86-7
    Sopa de melancia, babosa e hortelã, 80-1
    Sopa de pepino com ervas, 72-3
    Sopa de pêssego com manjericão, 70
    Sopa de tupinambo assado, 136
    Sopa de verduras detox, 116-7
limão-taiti
    Caldo de galinha picante, 156-7
    Caldo de legumes com gergelim, 158-9
    Caldo vuelve a la vida, 182-3
    Consomê de cenoura, 160-1
    Sopa de abóbora-cheirosa com curry, 90-1
    Sopa de abóbora-cheirosa com feijão-preto, 148-9
    Sopa de abobrinha picante, 39
    Sopa de beterraba com erva-doce, 58-9
    Sopa de capim-santo picante, 120
    Sopa de feijão-preto picante, 102
    Sopa de manga com limão-taiti, 26-7
    Sopa de melão-cantalupo e jalapeño, 60-1
    Sopa de papaia e espinafre, 71
liquidificadores, 17

M

maçã
    Sopa de maçã e aipo-rábano, 108-9
    Sopa de maçã e amaranto, 100-1
    Sopa de pastinaca e maçã, 106
macadâmia
    Sopa de morango e ruibarbo, 54-5
manjericão
    Caldo de legumes com manjericão, 178-9
    Sopa de abobrinha com manjericão, 64-5
    Sopa de alcachofra e manjericão, 75
    Sopa de beterraba e laranja, 40-1
    Sopa de pêssego com manjericão, 70
melancia
    Sopa de melancia, babosa e hortelã, 80-1
melão
    Sopa de melão-cantalupo e jalapeño, 60-1
metabolismo
    detox para acelerar o metabolismo, 20, 34-5
    efeitos do detox, 21
milho-verde
    Caldo de milho-verde, 184-5
    Sopa de milho-verde e cebolinha, 68-9
    Sopa de milho-verde e pimentão, 76-7
mixer, 17
morango
    Sopa de frutas vermelhas poderosa, 30-1
    Sopa de morango com chia, 44-5
    Sopa de morango e ruibarbo, 54-5

N

nibs de cacau
    Sopa de amêndoa com cacau, 94-5
nozes
    Sopa de banana com nozes, 107
noz-moscada
    Sopa de batata-doce com noz--moscada, 152-3
    Sopa de pera com canela, 118-9
nutrição, 13

O

oleaginosas
    como armazenar, 15
    Sopa de amêndoa chai, 140
    Sopa de banana com nozes, 107

Sopa de figo e cardamomo, 126-7
Sopa de morango e ruibarbo, 54-5
Sopa romesco com pimentão vermelho, 62-3
óleo, 15
ossos, onde comprar, 14
ver também caldo de ossos

P

painço, Sopa de cogumelo e, 141
papaia
Sopa de papaia e espinafre, 71
pastinaca
Sopa de pastinaca e maçã, 106
Sopa de raízes e vegetais de inverno, 130-1
pepino
Gaspacho misto de pimentão, 84-5
Sopa de abacaxi e couve, 82-3
Sopa de avocado e rúcula, 28-9
Sopa de couve e pimentão, 32-3
Sopa de pepino com ervas, 72-3
Sopa de pêssego e vegetais, 74
pera
Sopa de pera com canela, 118-9
peso, perda de 12, 21
pêssego
Sopa de pêssego com manjericão, 70
Sopa de pêssego e vegetais, 74
pimenta, 15
Caldo de galinha picante, 156-7
Gaspacho misto de pimentão, 84-5
Sopa de abacaxi e couve, 82-3
Sopa de abóbora-cheirosa com curry, 90-1
Sopa de abobrinha picante, 39
Sopa de couve e pimentão, 32-3
Sopa de feijão-preto picante, 102
Sopa de grão-de-bico com pimentão, 138-9
Sopa de maçã e aipo-rábano, 108-9
Sopa de melão-cantalupo e jalapeño, 60-1
Sopa de milho-verde e cebolinha, 68-9
Sopa de milho-verde e pimentão, 76-7
Sopa romesco com pimentão vermelho, 62-3

pimenta-jalapeño
Caldo de galinha picante, 156-7
Sopa de melão-cantalupo e jalapeño, 60-1
pimenta-poblano
Sopa de abobrinha picante, 39
Sopa de feijão-preto picante, 102
Sopa de milho-verde e pimentão, 76-7
pimenta-serrano
Gaspacho misto de pimentão, 84-5
Sopa de abacaxi e couve, 82-3
Sopa de abóbora-cheirosa com curry, 90-1
Sopa de abobrinha picante, 39
Sopa de maçã e aipo-rábano, 108-9
Sopa de manga com limão-taiti, 26-7
pimentão vermelho
Sopa de grão-de-bico com pimentão, 138-9
Sopa de milho-verde e cebolinha, 68-9
Sopa de milho-verde e pimentão, 76-7
Sopa romesco com pimentão vermelho, 62-3
processador de alimentos, 17

Q

quinoa
Sopa de couve e pimentão, 32-3
Sopa de figo e cardamomo, 126-7
Sopa de grãos ancestrais, 134-5
Sopa de verduras detox, 116-7

R

recipientes
como escolher, 19
para armazenar em porções, 18
rúcula
Sopa de avocado e rúcula, 28-9
Sopa de brócolis com rúcula, 142-3
ruibarbo, Sopa de morango e, 54-5

S

sal, 14
salsa
Caldo de galinha picante, 156-7
Caldo de legumes, 43

Caldo de legumes assados, 168
Caldo de legumes com manjericão, 178-9
Caldo de milho-verde, 184-5
Caldo de ossos bovinos com gengibre, 166-7
Caldo de ossos bovinos e de aves, 169
Caldo de shiitake e gengibre, 162-3
Caldo de tamari e limão-siciliano, 170-1
Caldo vuelve a la vida, 182-3
Consomê de frango com ervas, 174-5
Sopa de cogumelo e freekeh, 124-5
Sopa de grão-de-bico com pimentão, 138-9
Sopa de grãos ancestrais, 134-5
Sopa de tupinambo assado, 136
sementes de cânhamo
Sopa de amêndoa com cacau, 94-5
Sopa de framboesa com coco, 86-7
sementes de chia
Sopa cítrica com lavanda, 150-1
Sopa de melancia, babosa e hortelã, 80-1
Sopa de morango com chia, 44-5
sementes de linhaça
Sopa de banana com nozes, 107
Sopa de framboesa com coco, 86-7
Sopa de frutas vermelhas poderosa, 30-1
sopas
como armazenar, 17-9
como descongelar, 17
ordem de consumo, 21
tipos, 16
sopas geladas, 16
Consomê de tomate gelado, 180-1
Gaspacho de kiwi e couve, 36-7
Gaspacho misto de pimentão, 84-5
Sopa cítrica com lavanda, 150-1
Sopa de abacaxi e couve, 82-3
Sopa de amêndoa chai, 140
Sopa de amêndoa com cacau, 94-5
Sopa de aspargo com hortelã, 50-1
Sopa de avocado e rúcula, 28-9
Sopa de banana com nozes, 107
Sopa de beterraba com erva-doce, 58-9

Sopa de beterraba e laranja, 40-1
Sopa de couve e pimentão, 32-3
Sopa de figo e cardamomo, 126-7
Sopa de framboesa com coco, 86-7
Sopa de frutas vermelhas poderosa, 30-1
Sopa de grapefruit e erva-doce, 114-5
Sopa de laranja e frutas vermelhas com manjericão, 40
Sopa de manga com limão-taiti, 26-7
Sopa de melancia, babosa e hortelã, 80-1
Sopa de melão-cantalupo e jalapeño, 60-1
Sopa de milho-verde e cebolinha, 68-9
Sopa de morango com chia, 45
Sopa de morango e ruibarbo, 54-5
Sopa de papaia e espinafre, 71
Sopa de pepino com ervas, 72-3
Sopa de pêssego com manjericão, 70
Sopa de pêssego e vegetais, 74
Sopa de verduras com gengibre, 48-9
sopas quentes, 16
    Caldo de cúrcuma com coentro, 172
    Caldo de galinha picante, 156-7
    Caldo de legumes com gergelim, 158-9
    Caldo de legumes com manjericão, 178-9
    Caldo de milho-verde, 184-5
    Caldo de ossos bovinos com gengibre, 166-7
    Caldo de ossos bovinos e de aves, 169
    Caldo de tamari e limão-siciliano, 170-1
    Caldo de tomate com endro, 173
    Caldo vuelve a la vida, 182-3
    Consomê de cenoura, 160-1
    Consomê de frango com ervas, 174-5
    cozinhar e bater, 17
    cuidados ao bater, 16
    Sopa de abóbora e cranberry, 103
    Sopa de abóbora-cheirosa com curry, 90-1
    Sopa de abóbora-cheirosa com feijão-preto, 148-9
    Sopa de abobrinha com manjericão, 64-5
    Sopa de abobrinha picante, 39
    Sopa de alcachofra e manjericão, 75
    Sopa de batata-doce com gengibre, 96-7
    Sopa de batata-doce com noz-moscada, 152-3
    Sopa de brócolis com rúcula, 142-3
    Sopa de capim-santo picante, 120
    Sopa de cenoura com azeite de cebolinha, 52-3
    Sopa de cenoura com curry, 38
    Sopa de cenoura e erva-doce, 146-7
    Sopa de cogumelo e freekeh, 124-5
    Sopa de cogumelo e painço, 141
    Sopa de couve-flor trufada, 92-3
    Sopa de erva-doce e abobrinha, 128-9
    Sopa de erva-doce e tomate, 104-5
    Sopa de ervilha seca com couve, 121
    Sopa de espinafre e feijão-branco, 42
    Sopa de feijão-preto picante, 102
    Sopa de grão-de-bico com pimentão, 138-9
    Sopa de grão-de-bico picante, 137
    Sopa de grãos ancestrais, 134-5
    Sopa de lentilha, 112-3
    Sopa de maçã e aipo-rábano, 108-9
    Sopa de maçã e amaranto, 100-1
    Sopa de milho-verde e pimentão, 76-7
    Sopa de pastinaca e maçã, 106
    Sopa de pera com canela, 118-9
    Sopa de tupinambo assado, 136
    Sopa de vegetais da primavera, 43
    Sopa de raízes e vegetais de inverno, 130-1
    Sopa de verduras detox, 116-7
    Sopa romesco com pimentão vermelho, 62-3
sucos *versus* sopas, 11

T

tamari, molho
    Caldo de legumes com gergelim, 158-9
    Caldo de shiitake e gengibre, 162-3
    Caldo de tamari e limão-siciliano, 170-1
temperos, 15
tomate
    Caldo de tomate com endro, 173
    Consomê de tomate gelado, 180-1
    Gaspacho misto de pimentão, 84-5
    picado em lata, 15
    Sopa de abóbora-cheirosa com feijão-preto, 148-9
    Sopa de erva-doce e tomate, 104-5
    Sopa de feijão-preto picante, 102
    Sopa de grão-de-bico com pimentão, 138-9
    Sopa de grão-de-bico picante, 137
    Sopa de grãos ancestrais, 134-5
    Sopa de milho-verde e cebolinha, 68-9
    Sopa romesco com pimentão vermelho, 62-3
tomilho
    Caldo de legumes assados, 168
    Caldo de milho-verde, 184-5
    Consomê de frango com ervas, 174-5
    Sopa de cenoura e erva-doce, 146-7
    Sopa de cogumelo e painço, 141
    Sopa de raízes e vegetais de inverno, 130-1
transição, antes e depois do detox, 22
tupinambo
    Sopa de tupinambo assado, 136

V

verduras
    Sopa de verduras detox, 116-7
    ver também couve, espinafre etc.

SOBRE A AUTORA

Alison Velázquez dedica-se profissionalmente ao bem-estar e é fundadora da Soupology, empresa especializada em sopas criativas e saudáveis. A Soupology está na vanguarda da nova tendência de dietas à base de sopas. Com experiência nas áreas de boa forma e culinária, Alison é apaixonada pelo estilo saudável que preenche todos os aspectos da vida. Formada pela School of Business da Universidade de Illinois, diplomou-se em Pilates, em 2009, e em Culinary Arts pelo Kendall College de Chicago. Depois de ter trabalhado como personal chef e banqueteira, especializou-se na cozinha voltada para o bem-estar, que usa ingredientes frescos e sazonais no desenvolvimento de pratos leves e diferentes. Vegetariana há quase vinte anos, Alison também trabalha com nichos da alimentação como as dietas vegana, Paleo, sem glúten e pobre em carboidratos.

AGRADECIMENTOS DA AUTORA

É preciso dar crédito às diversas pessoas que apoiaram e ajudaram a conceber e produzir este livro único.

Agradeço à minha família por me ensinar o valor dos ingredientes frescos de qualidade, um apreço profundo à boa alimentação e à importância de um dia de trabalho intenso.

A todos os meus amigos e a Bug, por seu apoio entusiasmado e inabalável; isso fez toda a diferença.

Um muito obrigada a meus clientes, por aprovarem cada uma de minhas novas aventuras e por demonstrarem interesse e compromisso sinceros com a vida saudável – isso me motiva e me inspira a continuar criando!

Aos meus colegas do Pilates. É por vocês que eu me levanto da cama todos os dias. Literalmente. Para minha sorte, seu comprometimento com a saúde e com as últimas fofocas tem sido constante.

Agradeço a Brook Farling, Ann Barton e todos na DK que me deram uma chance e tornaram este projeto possível.

Muito obrigada a Nigel Wright, Brian Wetzstein e Mollie Hayward, que deram vida às minhas receitas por meio das belas imagens e produção de fotos.

E um agradecimento especial a Kimberley Watry por sua sabedoria e disposição em ouvir meus inúmeros questionamentos, sempre com um copo de vinho para me oferecer.

AGRADECIMENTOS DO EDITOR

Os editores gostariam de agradecer a Maxine Pedliham – sua intuição sensível levou à publicação deste livro. Muito obrigado também a Mary Rodavich, MS, RD, LDN, por fornecer a análise nutricional, e por Carolyn Doyle, por testar as receitas.